著 **ぶせな**
BUSENA

最強のFX
1分足
スキャルピング
エントリー＆イグジット
実践ノート

日本実業出版社

はじめに

「FXで、驚くような利益を出してみたい」

　本書を手に取られた方なら、少なからずこのような願望があるのではないでしょうか。先行き不透明な世の中、できれば早いうちに経済的な不安から解消され、自由な人生を歩みたいはずです。

　FXで稼げれば、人生でやりたかったお金がかかることはすべてできるようになります。しかし、知識も経験も少ない方は、無理だと思うかもしれません。実は、スキャルピングでこの願望をかなえるのは、とても簡単なことです。次のことを実践すればいいだけだからです。

「自分でトレードルールを作ること」

　これさえできれば、驚くような利益を上げることが可能です。

「それは勝てるトレードルールだからできるんでしょ？　そもそもそんなルールを作れないし」

　こう思うかもしれません。本書で提案しているのは、最初から勝とうとしないトレードルールです。「勝とうとしない」というのは変な言い方ですが、あなた自身がスキャルピングのルールを作ることが重要なのであり、勝ちを目指すのは特に初心者のころは意味がありません。

　トレードのスキルが一番上達するのは、ルールを作っているときです。FXで、現時点で成果が出ていないということは、何かを変えなければなりません。改善しなければ、明日も明後日も、昨日と同じ日々が続くのです。

　なんとかしたいけれど、知識や経験がなく、どうしていいかわからないという方は多いと思います。投資で成果が出ないと、なんだか沈んだ気持ちになりますよね。自分でルールを作るようにすると、そのような日々を打開することができます。

しかし、「FXのような不確実な投資の世界でルールを作ることはできない」と考えるかもしれません。もちろんFXに限らず、何もない状況からルールを作り、それを実践するのはどんな世界でも難しいことです。

スキャルピングでルールを作るには、ちょっとしたコツがあります。そこで本書はそのコツをまとめ、自分でルールを作れるような内容にしました。

私は、2009年からスキャルピングをはじめました。このときの気持ちは、昨日のことのように思い出すことができます。自分でルールを作り、改善しながら実践してきたので、初心者がどうすればルールを作れるようになるのか、手に取るようにわかります。

そんな気持ちを踏まえて本書を書きましたので、これからスキャルピングで大きく稼ぎたい方にとって、参考になれば幸いです。

2021年2月

ぶせな

はじめに

Chapter **1**

FXで勝つために必要なのは「ルールを決めること」

Chapter **2**

スキャルピングで絶対に負けないための基礎作り

Chapter **3**

勝利の確度を引き上げる 「ライントレード」

Chapter 4

無駄のないエントリーを実現する「インジケーター＋テクニカル」

Chapter 5

臨機応変にイグジットを使いこなそう

Chapter **6**

勝ち続けるために
絶対に知っておくべきこと

おわりに

カバーデザイン　井上祥邦（yockdesign）
本文デザイン　　浅井寛子

FXで勝つために
必要なのは
「ルールを決めること」

01

スキャルピングは
ルール化しやすい

スキャルピングは魅力的なトレードスタイル

「スキャルピングをやってみたものの、成果が出なかった」という方は、トレードルールがなかったからではないでしょうか。しかし、どのようなトレードルールにすればいいかわからない。

実は、**スキャルピングはルール化しやすいトレードスタイルです**。

その理由を知る前に、そもそも、FXのスキャルピングとは何かを理解しておきましょう。

スキャルピングは、エントリーからイグジットまで、わずか数秒から数分で完結させる超短期売買のことです。数pips（数銭）という薄利を狙うため、ポジションの保有時間が短くなります。スキャルピングを「ポジション保有時間が短い手法」と解釈する方もいますが、保有時間はあまり関係ありません。

たとえば、3pipsという薄利を取るために、数秒で終わる場合があれば、3分かかることもあります。数pipsを取ることが目的なので、結果としてポジション保有時間が短くなるだけです。ときにはエントリーしたあとに値動きが膠着し、数pipsの利益を得るまでに何十分とかかることもあります。

　また、「スキャルピングは売買回数が多い手法」と考えている方もいるでしょう。しかし、売買回数の多さは、スキャルピングにおけるトレードの条件ではありません。チャンスがなければ、1日に1回しかスキャルピングをしない日もあります。

　逆に、チャンスがあれば、1日100回以上エントリーすることもあります。数pipsを得るために、チャンスが多い相場の日もあれば、そうでない日もあるだけです。ただし、1回の利幅が少ないので、売買回数をこなさないと儲かりません。結果、売買回数が多くなる傾向にあります。

　また、スキャルピングは損切り幅も数pipsに限定されており、1回のトレードで負うリスクが少ないです。1回のリスクが少ない分、たくさんトレードすることが可能です。もし、1回のトレードで大きなリスクを負うとなると、1日に何度もエントリーするのは怖いはずです。このようにスキャルピングには、トレード回数が多くなるいくつかの条件がそろっているのです。

スキャルピングのメリットとは？

　スキャルピングのメリットについて、くわしく見ていきます。

　その前に、FXのトレードスタイルは、何があるのかおさえておきましょう。トレードスタイルは、主に3つあります。

・スキャルピング
・デイトレード
・スイングトレード

　先述しましたが、スキャルピングは超短期売買です。スイングトレードは、数日から数週間のポジションをホールドします。デイトレードはその中間です。

この３つで異なるのは、ポジションの保有時間です。そのため、判断する時間軸がまったく異なります。スキャルピングが１分足や５分足で判断するとしたら、スイングトレードは４時間足や日足という長い時間軸になります。そして、**トレードルールを作るときは、「時間軸を必ず決めること」をおすすめします。１分足を主体にするならスキャルピング**です。15分足以上の時間軸なら、デイトレードやスイングトレードでしょう。

　私がFXをはじめたころ、時間軸を決めずに何となくトレードしていました。１分足を見ることもあれば、日足で判断することもありました。その時々によって判断する時間軸が異なるので、ポジションを持っても判断がブレます。１分足を見て上がると思えば買い、たとえ逆行して含み損になっても「日足ではこれから上げそうだ」という都合のいい解釈をし、損切りを先延ばしにしていたのです。

　本来ならエントリーが１分足なら、イグジットも１分足で行なうべきでしょう。しかし当時はルールもなく、勘だけでトレードしていました。ちょっとトレードして利益を得るつもりが、結局損切りできずにスイングトレードになっていた、なんてこともよくありました。

　判断にブレを生じさせないため、主体とする時間軸は、最初に決めておくようにしましょう。これだけでルールが作りやすくなります。また、その時間軸に応じたメリットとデメリットがあらわになるので、検証もしやすいです。スキャルピングだと、１分足と５分足が主軸になります。

　それを踏まえたうえで、スキャルピングには、次のようなメリットがあります。

・売買回数が多くデータを取りやすい
・利幅と損切り幅のpipsの差がない
・売買時間が短くメンタルの立て直しができる

・相場の変化に即座に対応できる
・その日のうちに検証ができる

　もしかしたら、これだけではピンとこないかもしれません。ここでは、トレードルールを作るためのメリットを挙げています。スキャルピングでよくいわれる、次のようなメリットは省きます。

・資金効率のよさ
・ロットを上げていきやすい

　これらの点は、すでに理解しているものとして進めていきます。トレードルールがいかに作りやすいか、という観点から考えてみてください。スキャルピングに限らず、どんな手法でも、必ずメリットとデメリットはあります。大事なことは、メリットとデメリットを比較し、やるのかやらないのかを決めることです。

スキャルピングはその日のうちにルール化できる

　FXのトレードスタイルとしてスキャルピングの対極にあるのが、ポジションの保有時間が長い「スイングトレード」です。週に数回しかエントリーしないようなスイングトレードに比べれば、スキャルピングはトレードチャンスが断然多くなります。チャンスが多いと実践できる回数が増えるため、すぐに「検証」をすることが可能になります。
　検証するためには、ある程度のデータが必要です。スキャルピングはその点で分析するためのデータが豊富なので、検証しやすいのです。結果、短期間でトレードルールを作ることができます。**スキャルピングがコツをつかみやすいトレードスタイルである理由は、この「ルールの作りやすさ」にあります。**

　私が本格的にスキャルピングに取り組みはじめたのは、2009年で

す。それまではスイングトレードを主体にトレードしていました。そして、リーマンショックで1000万円の損失を出し、一時的に相場から退場しました。今思えばトレードルールがなく、素人の相場観でやっていたので勝てるはずがありません。

　退場した際、大損した一番の要因を振り返ってみたところ、ポジションを長く持ち過ぎたことでした。仮にトレードルールがなくても、含み損が出たときは、自分が考えていたイメージとは異なる相場になったはずです。ですから、損切りをすればよかったのです。しかし、ポジション保有時間が長くなるにつれ、まともな判断ができなくなりました。

　たとえば、100万円の含み損があるとします。この含み損が95万円に減ったとしても、損が減った気がしません。本来は100万円の含み損が95万円になったのですから、5万円得をしたはずです。しかし、「たった5万円では取り返したことにはならない」という判断になってしまうのです。95万円は損失が確定してしまうため、損切りできませんでした。

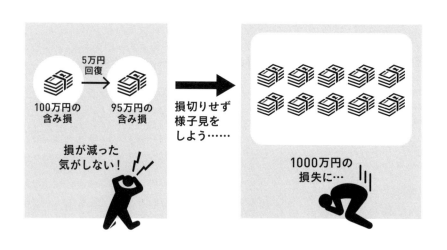

　これは、ポジション保有時間が長いがゆえ、また、含み損の金額が大きくなり過ぎたことゆえの感覚麻痺です。そして、急速に含み損は増えていき、1000万円の損失になってしまったのです。大損したあとは非常に落ち込みましたが、もう二度と同じような失敗はしまいと誓い、何

とか立ち直ることができました。

　しかし、同じようなスイングトレードをやっていると、また大損する可能性があります。そこで、トレードスタイルをポジションを翌日まで持ち越さず、その日のうちに売買を完結させるスキャルピングに切り替えたのです。そうすれば、利益確定も損切りも早くなり、毎日新鮮な気持ちでトレードを開始できると思ったからです。

　これが功を奏したのか、スキャルピングをやりはじめたら3か月ほどでトレードルールの基盤が出来上がりました。**それまでは、何年かかってもまともなルールができなかったのに、スキャルピングにしたらすぐにルール化することができたのです。**私にスイングトレードの才能がなかったこともあるでしょうが、それよりも、スキャルピングのルール作り自体がとても簡単だったのです。

日本のスキャルピング環境は抜群にいい

　FXは、国により規制が異なります。実は日本は、スキャルピングのトレード環境が恵まれている国の1つです。その理由として、次の2点が挙げられます。

・レバレッジが25倍かけられる
・スプレッドが狭い

　有利な点は、まずレバレッジが25倍までかけられることです。少額から爆発的に資金を増やすには、取引環境がよくないとできません。レバレッジ25倍とは、証拠金の25倍の取引量が売買できるということです。

　仮に資金が30万円あるとしたら、その25倍の750万円を運用しているのと同じです。30万円あれば、米ドル／円（USDJPY）で5万通貨のポジションが持てます。5万通貨は、5万ドルのことです。両替所で5万ドルを買おうとすると、（そのときのレートにもよりますが）500万

円は必要です。これが、レバレッジをかけたFXの場合、元手が30万円なのに5万ドルを買うことができます。それは、レバレッジを25倍かけた750万円あるものとして売買できるからです。レバレッジのメリットがあることがわかりますよね。

　仮に1日に5万通貨を20回スキャルピングをすれば、1億円以上のお金を動かしていることになります。おそらく、個人口座で1日にこんな大きなお金を動かしたことはありませんよね？　家や車を買って、大きな支払いをしたことがある方はいるでしょう。しかし、勝つか負けるかわからない投資の世界で、1億円という金額を1日で動かす経験をすることは稀です。しかも、これから毎日何億もの売買をしようとしているのです。今まで何気なくFXをやっていた方も、どれだけ多くの金額を動かしていたのか、気づかされるのではないでしょうか。それが、レバレッジの威力です。

　毎日1億円のお金を売ったり買ったりしていたら、資産の変動はそれだけ激しくなります。しかも、ルールがないまま毎日トレードしていたら、勝てないのは明らかです。逆に、期待値の高いトレードルールを作れば、25倍というレバレッジの原理をうまく利用することで、やればやるほど儲かるようになります。

　このように、1日に何億円もの売買を可能にするのが、FXのレバレッジです。レバレッジが25倍かかっているという意識でトレードをしている人は、意外と少ないのではないでしょうか。ほとんどの人が、「いくらからスタートできるのか」「どれくらい儲かるものか」という仕組みだけに意識がとらわれています。ただし、レバレッジはうまく使いこなせば大きな利益をもたらす反面、なめてかかると大きな損害をもたらす諸刃の剣のようなものです。だからこそ使いこなすためのルールが必要なのです。

　そして、日本がスキャルピングの環境で恵まれているもう1つの点が、スプレッドの狭さです。個人がFXをできるようになってから20年が経過します。これまでスプレッドは段階的に狭くなってきました。そ

して、2019年の９月ごろから国内FX業者間のスプレッド競争が再激化し、今では米ドル／円のスプレッドは0.2pips以下が常識になりました。なかには0.1pipsという業者もあり、実際のところ「タダ（無料）」に近い感覚です。これは、スキャルピングにとって大きなメリットです。私たちはこのような恵まれた環境にいるのです。手数料をあまり気にしないで売買を繰り返すことができるので、トレードルールが作りやすい環境ともいえます。**ルールがあるうえで、レバレッジを25倍かけた状態でどんどんトレードすれば、大きく稼げるようになります。これが日本のFX環境です。**

勝ち続けるためには「自分でルールを作る」

　トレードで勝ち続けるには、自分で手法を構築することが必要です。「最初からそんなことはできない」と思うかもしれません。もちろん、知識や経験がないのに、ルールを作ることはできないでしょう。

　いくらFXの知識をインプットしても、それだけでは利益を出し続けることはできません。利益を出し続けるためには、チャートを分析してエントリー・利益確定・損切りの場所を決め、それからエントリーをします。ルールを作るには、それらを逆算するプロセスが必要になるのです。利益を出すために、どこでエントリーすればいいのか、どんなチャート分析をすべきか、事前に決める必要があります。そのため、生半可な検証ではできません。

　裏返せば、FXで勝ち続けるには、自分でトレードルールを決めれば可能になるのです。最初は、勝っているトレーダーの手法を真似するのがいいでしょう。勝つ感覚を身につけるには、すでに勝てることが検証されている手法でトレードするのが一番早いです。ただ、あくまでも他人の手法なので、再現性が難しく、そのうちルールを守り続けることができなくなります。しかし真似をすることで、自分なりに気づきがあるはずです。「ほかのテクニカル分析を組み合わせたほうがいいのではな

いか」「自分には他の時間軸が合う」などです。「守破離」という芸の格言のように、最初は真似から入り、徐々に自分なりのルールを構築していくのがベストです。また、自然とそうなっていきます。

　いずれにせよ、最終的には自分で作ったトレードルールが必要です。ルールを作るのは、自分で考えること。自らの頭で、エントリーからイグジットまでのプロセスを考えることで、値動きの本質を読むことができるようになります。そのため、ルールを作ろうと行動しはじめること自体が、上達につながるのです。そして、自分が考え抜いて作ったルールだと、継続できます。**トレードは、エントリーするまでのプロセスが重要ですが、他人のルールだと、そのプロセスが抜けています。**なぜそこでエントリーすべきなのか、完全にはわかりません。ただ、ここでエントリーすると勝てるから真似しているわけです。

　しかし、自分でエントリーまでのプロセスを考えると、なぜそこでエントリーすると勝てるのか、心底理解しています。それは、自分で考え抜いたルールだからです。そうなると継続することができます。

　たとえ勝てない時期があっても、どう改善すればまた勝てるようになるかと考えるでしょう。他人の手法で勝てなくなると、改良しようという気持ちになりません。ほかの勝てる手法を探すことになります。これではいつまで経っても自分のルールができません。ですから、最短で上達するために、自分で考え、ルールを決めていくのです。

02
スキャルピングは
相場の変化にすぐに対応できる

意思決定までのプロセスが早い

　スキャルピングは、エントリーからイグジットまで、数秒から数分で完結します。トレードするうえで重要なことは、エントリーするまでに、どれだけ時間を割いているかです。

　トレードをはじめたら、エントリーするまでの分析は、短ければ短いほどいいでしょう。トレード回数もこなせますし、何よりも効率がいいからです。その点スキャルピングは、エントリーするまでの分析時間は短くて済みます。たとえば、帰宅後の21時からトレードをスタートし、10分後にはエントリーできるほどの早さで準備が完了できます。それを可能にするのは、トレードの時間軸の短さです。スキャルピングは、数秒から数分先を予測してトレードします。**何時間、何日後の値動きまで予測しなくていいのです。「今どっちに動きそうか」、これだけを考えればいいので、意思決定のプロセスが早くなります。**エントリーするのか、それとも様子見するのかなど、数分単位で決めることができます。さっきまで下落方向の目線だったものが、値動きに応じて上昇目線に変更するなど、すぐに対応できます。

　ただし、いくらスキャルピングでも、エントリー前のチャート分析が

簡単になるわけではありません。チャート分析は、スキャルピングでも
デイトレードでも、やることは同じです。チャート分析の結果、エント
リーまでの時間がかからない、ということです。

　これは勘違いしないようにしてください。チャートを分析し、方向性
や戦略を決めたあと、スキャルピングならすぐにエントリーできるとい
うことです。デイトレードやスイングトレードだと、相場観が合ってい
るのか確認するには、数時間から、ときには数日は必要になります。厳
密には、相場観を変更するのはすぐにできますが、それを確認するまで
に数時間から数日を要する、といえるでしょう。なぜなら、ローソク足
が形成される必要があるからです。相場観を確かめるために、30本の
ローソク足が必要だとしたら、１時間足なら30時間かかるところ、１
分足なら30分で済みます。また、サポートラインやレジスタンスライ
ンをブレイクするまで待つとしたら、１時間足と１分足では必要な時間
がまったく違ってきます。

　図1-01を見てください。米ドル／円の１時間足です。

▌図1-01　１時間足だとブレイクするまで日数がかかる

サポートラインをブレイクするまで
10日間待つ必要があった

　AからCまで価格を支えるサポートラインで反発し、レンジ相場を形成しています。この間、相場の方向性が決まっていないので、戦略を決めることはできません。ようやくDで下方向へブレイクしましたが、AからDまで10日間かかりました。これは、ブレイクしてからエントリーするとしたら、10日間はトレードできないということです。

　スイングトレードのつもりで、最初から何日も待つトレードスタイルなら問題ありません。ブレイクしたあとは、100pips以上の大きな利幅が見込めるでしょう。しかしスキャルピングは、数pipsを狙うトレードです。10日間待って数pipsしか取れないとなると、時間だけが経過してほとんど儲かりません。

　ここで何が問題かというと、1時間足でエントリータイミングを測っていることです。たしかに、Dでブレイクしたときにスキャルピングをしたら、数pipsの勝ちトレードになるかもしれません。しかし、見ている時間軸の長さのわりに、利益が少ないです。これでは、我慢してエントリーポイントまで待ったかいがありません。

　では、次ページの図1-02を見てください。ユーロ／米ドル（EURUSD）の1分足です。A、Bで価格を抑えるレジスタンスラインが形成されています。このラインをブレイクしたらスキャルピングをするという戦略の場合、Cでブレイクするまでに待つ時間は、わずか3時間です。「ラインをブレイクしたらトレードする」という戦略で、1時間足だと10日間かかりましたが、1分足だと3時間しかかかりません。ローソク足がたくさん形成されるため、チャートの展開が早くなり、エントリー回数が多くなるのです。

図1-02　1分足でブレイクするまでに必要な時間

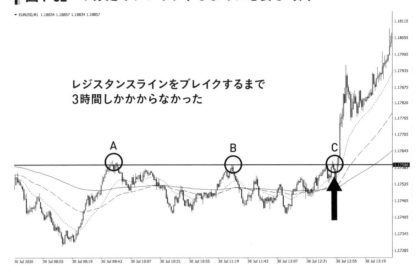

レジスタンスラインをブレイクするまで
3時間しかかからなかった

　ローソク足が1時間で形成される本数は、1時間足だと「1本」です。しかし、1分足だと「60本」も形成されます。その差は60倍です。大事なのは、ローソク足が形成しているチャートに意味を見出せるかどうかです。そのため、**ローソク足の本数が多いことが、トレードチャンスになるわけではありません。しかし、チャートパターンができたり、レジスタンスラインをブレイクしたりするためには、ある程度のローソク足が必要です。**1時間足よりも、ローソク足の数が多い1分足のほうが、テクニカル分析が豊富にできることは間違いないでしょう。1分ごとにローソク足が出来上がっていくので、さまざまなチャート分析が可能です。10分前まで上昇目線だったものが、サポートラインを割ったので下落目線に変更するなど、意思決定も臨機応変にできます。この繰り返しによる試行錯誤が、豊富なデータに基づくルール作りを可能にします。

ローソク足のデータが豊富にある

トレードルールを作るには「検証」が必要です。そのためには、データが必要となります。スキャルピングは1分足や5分足の時間軸を検証することが多くなるので、データが豊富にあります。**月曜日から金曜日まで1週間の検証をするにしても、1分足ならローソク足が約7200本、5分足なら1440本の検証ができます。**1時間足だと、1週間で形成されるローソク足は120本しかありません。日足だと、わずか5本だけです。

もし、1分足で1週間分のチャートを隅から隅まで本気で検証するとしたら、いくら時間があっても足りないでしょう。それくらいスキャルピングはデータが豊富に取れるのです。このことは、どこでエントリーすれば勝てそうか、損切りはどのようなポイントで行なえばいいのかなど、期待値の高いトレードルールが作りやすいことを意味します。**あなたが本気でトレードルールを作ろうと思えば、データが豊富にあるので、週末の時間があるときにできてしまうということです。**それを来週実践し、週末にまた検証する……これを数週間行なえば、スキャルピングのトレードルールは出来上がるでしょう。

「トレードルールを作る」というと、最初は時間もかかるし難しいと感じたかもしれませんが、意外と簡単に思えませんか？

まずは、手法の土台を作ることが大事です。この土台を作るまでに、何年もかかっているようでは、いつまで経ってもスキャルピングで勝てるようになりません。**スキャルピングなら、ルール作りは1週間あればできるので、ぜひチャレンジしてみてください。**

03

ルール作りの
プロセスを学ぼう

▎トレードノートを作ろう

本書で学んでほしいこと、それはずばり「ルールを作るプロセスを学ぶこと」です。トレードルールを自分で作ることが大切なのはもちろん、FXの世界で長く勝ち続けるには、自分で作ったルールを改善していくことが重要です。

ルールを作るための第一歩として、トレードをノートに記録することからはじめましょう。何を書くのかについて、決まりはありません。ルールに結びつくことなら、何でもいいでしょう。

私は先述したように、FXをはじめてから 4 〜 5 年は勝てませんでした。**そのなかで唯一やっていたことは、FX関連の書籍を読むことと、ノートに記録することです。**これだけは、FXをはじめた当初からやっていましたし、今でも続けています。投資関連の本を読むと、使ってみたいアイデアが思い浮かんだり、調べてみたい項目が出てきたりします。そのつど、ノートに書きとめていました。具体的には、次のようなことです。

・わからない用語
・チャートパターン

- アノマリー的なこと
- こうなりやすいというパターン
- 今の自分にできること
- 資金管理とロット数の検証
- これからやるべきこと
- 試してみたい注文方法
- エントリーとイグジットの決めごと
- 中長期トレンドの流れ
- 手書きチャートに後悔ポイントを書く
- こうすれば勝てていたという手書きチャート

　他にも、毎日トレードしていて感じたことや、FXに限らず将来やりたい夢など、メモ代わりに何でも書いていました。モチベーションがアップする次のようなこともです。

- 利益の皮算用
- 30歳、40歳、50歳になったときに目指す姿
- FXで稼いだあとにやりたいことリスト
- 自動売買などの裁量トレード以外の稼ぎ方
- ほしいもの、ほしい家、ほしい車などの「ほしいものリスト」

　ノートは、自分以外の誰が見ることもありません。ちょっと恥ずかしくなるようなことも、書きとめておくことをおすすめします。そのときは何の役にも立たないかもしれません。しかし、時間が経つと何かしらのアイデアにつながることもあります。**役に立つことだけを書きとめようとすると、何も書けなくなります。また、役に立つかどうかはそのとき決まるのではなく、あとになってわかることも少なくありません。**
　アイデアが100個思いついたとしても、実際にルール化できるなど、役に立つのはせいぜい1個くらいではないでしょうか。ほとんどのアイデアは役に立ちません。100個のうち99個は無駄に終わるのですから、

ノートに取るのがバカらしく感じることもあります。しかし、そのとき
は無駄に思えたとしても、あとから見返すと「これはまだ検証していな
かった」と気づくこともできます。もし書きとめていないと、検証して
いなかったことすら忘れてしまうものです。ですから、思いついたこと
は何でも書きとめましょう。

　思いついたということは、それが今の思考回路であり、あなたのト
レード脳なのです。内容の質は考えないほうがいいです。それを書きと
めるからこそ、改善していけるのです。むしろ、役に立たないことをど
んどん出したほうがいいです。これ以上思いつかない、これ以上書くこ
とはない、というくらいノートに書きましょう。

実際の私の手書きメモ

　では参考までに、実際の私のトレードノートを見てみましょう。ま
ず、手書きでメモしたものです。図1-03を見てください。為替市場は
24時間動いていますが、主に3つの市場に分けられます。それぞれの
市場では参加者が異なるため、市場が変わると値動きが変わることが多
いです。その大切さを忘れないように、自分で書きとめたものです。ま
た、相場はレンジとトレンドの繰り返しで、それぞれの市場でどちらに
トレンドが出るのか、意識しておくとルール化しやすくなります。これ
を書いておくことで、見返せばすぐに思い出せます。

　次に、図1-04を見てください。スキャルピングのルールを作ってい
る最中のメモです。**その日の相場でどうすれば勝てていたのか、何がダ
メで、どうしたほうがよいか、感じたことを書きとめています。**思いつ
いたことをすぐに書きとめることで、自分なりのトレードルールにつな
がります。読み返すとわかりますが、「確実にこうなる」というメモは
ありません。もしかしたら、こうしたほうがいいのではないか、という
問題提起に近いメモです。疑問に思ったことを、その場で書きとめま
す。答え合わせができるのは、かなり先になるでしょう。1年先かもし

図1-03　値動きの基本を書きとめる

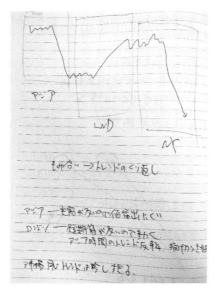

図1-04　ルールを作っている途中のメモ

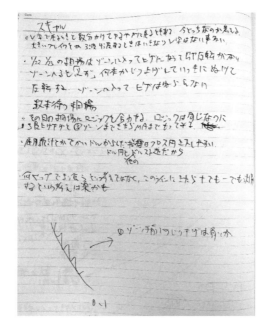

れませんし、なかには一生答えが出ない可能性もあります。相場では、絶対にこうなるという断定はできません。あくまでも、こうなりやすい、という確率が高いものをいくつも組み合わせ、全体で確度の高いルールにしていきます。

このようなトレードノートを何冊も作っていきましょう。書いて読み返すことで、経験値になっていきます。これは投資の実績をまとめた本を読むのと同じことです。自分だけの本を作ってください。そして、何度も読み返してください。

図1-05は、暴落した相場で感じたことを書きとめました。

私は、リーマンショックで大損しているためか、暴落相場にはかなり敏感に反応します。二度と同じ経験はしたくないため、下げているときにロングポジションを持ち、急騰を期待して含み損に耐えることはしません。仮にロングでエントリーしたとき、さらに下げて含み損になったら、すぐに損切りをします。これは、リーマンショックで学んだことです。そして暴落し続けることはなく、必ず反発するときがきます。それも少しの反発ではなく、それまでの下げ幅を帳消しするほど上昇するのが、暴落後の相場です。しかし、それを期待して含み損に耐えるのは、かなりリスキーです。底をとらえて急騰に乗ることもできますが、それはあくまでも結果論です。落ちるナイフをつかむのと同じなので、私はやりません。

しかし、過去のトラウマに縛られていては成長できません。暴落するということはボラティリティが高く、乱高下するため、スキャルピングにとって大きなチャンスになります。こういうとき、萎縮することなくトレードができれば、大きな利益をつかむことが可能となります。そのために私は、暴落相場でどうすればよかったのかと感じたことを書きとめました。注意点や、値動きの特徴を自分なりに分析し、次の同じような相場がきたときに対処できるようにしておきます。**目の前で起きている相場で感じたことは、その場で書きとめていないと忘れてしまいます**。このようにメモで残しておけば、たとえ何年経っても、読み返すだ

けで昨日のことのように思い出すことができるのです。

このメモは、2020年の2月から3月にかけて起こったコロナショッ

図1-05　暴落相場で気づいたこと

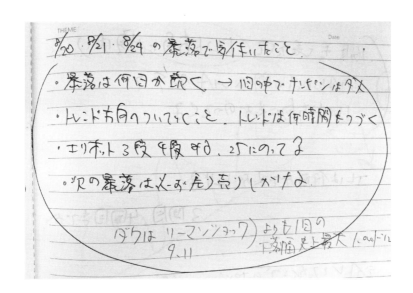

クで活かすことができました。メモには次の4つのことを書きとめてあ
ります。

① 暴落は何日か続く　→　1日のなかでナンピンはダメ
② トレンド方向へついていくこと。トレンドは何時間も続く
③ エリオット波動の3段、4段を見る
④ 次の暴落は必ず戻り売りを仕掛ける

　コロナショックでは、米ドル／円の場合、2020年2月20日の112.23
円を天井に、2週間暴落しました。①や②のように、暴落相場でのト
レード方法を大枠で決め、③、④で具体的なトレード戦略を忘れないよ
うにできました。

かなり大雑把な内容に感じるかもしれませんが、メモがあるのとない
のとでは、相場への向き合い方がまったく変わります。何年も前に感じ
たことをいよいよ活かすときだという認識があるだけで、チャートをよ
く観察しようとします。そうすると、他の部分にも目を配るようにな
り、結果として深いチャート分析ができるのです。

トレード後はスクリーンショットで速攻保存！

　トレードノートにアイデアや思いついたことを書くとき、チャートを
書き残したい場面が出てきます。そのとき、手書きでチャートを書くの
は、かなり面倒です。そこで、気になったチャートやテクニカル分析を
するうえで重要そうなチャートは、「スクリーンショットで保存」する
ことをおすすめします。これは、トレードノートとは別に残していきま
す。

　ローソク足を何百本も手書きすると、それだけで１日が終わってしま
います。気になる場面はどんどんスクリーンショットで残していきま
しょう。そして、そのチャートで重要なことは、Windowsのパソコン
であればMicrosoftペイントなどの編集ソフトで書き込むといいでしょ
う。本書のチャートも含めて、私はすべてMicrosoftペイントで編集し
て書き込んでいます。

　たとえば、図1-06は米ドル／円の１分足で、実際に私が保存したス
クリーンショットです。

　チャートの左端から上昇トレンドが続いています。当初、レジスタン
スラインは事前に認識しており、Aでレジスタンスラインにぶつかった
ら反落すると考えました。Aにぶつかり、下げはじめたらショートする
予定だと。しかし、実際にはAのレジスタンスラインまであと数pips届
かず反落してしまい、ショートできませんでした。もし、Aでショート
していれば、勝ちトレードになっていたでしょう。Bでは、レジスタン
スラインを数pips上抜けしています。Aのようにトレードし損ねるのが
嫌だったので、今度はレジスタンスラインにぶつかる前にショートしま

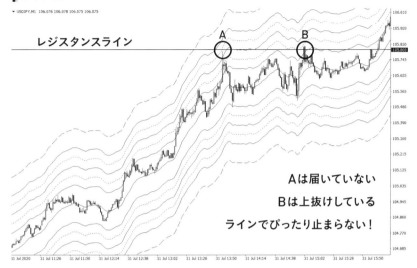

図1-06　Microsoftペイントでチャート画像に加工して記録する

レジスタンスライン

A

B

Aは届いていない

Bは上抜けしている

ラインでぴったり止まらない！

した。結果、レジスタンスラインを上抜けた瞬間に損切りをし、すぐに下げました。戦略は、AとBどちらもショートです。しかし、Aではエントリーできず、Bでは損切りになりました。戦略は、A、Bどちらも正しかったのですが、トレードでは負けるという悔しい場面となりました。

　ここで学んだことは、「レジスタンスラインだからといって、ぴったりタッチしてから反転するわけではない」という点です。Aのようにレジスタンスラインにぶつからず、手前でクルリと反転することもあります。逆に、Bのように一瞬だけ突き抜け、反転することもあります。ラインはぴったりの価格だけで機能するのではなく、「その価格帯付近」という少しアバウトな見方が必要だと学ぶことができました。

　価格が反転するには、制動距離が必要です。実際に止まるのは、壁の手前かもしれませんし、壁を突き抜けてから反転するパターンもあります。そのため、レジスタンスラインにぶつかりそうなローソク足1本だけで判断するのではなく、前後のローソク足も含め、その付近の数分単

位で考える必要があるとわかります。そして、「こうしておけばよかった」と記録しておくことで、次に同じようなパターンがきたときに、同じことを繰り返さずにトレードをすることができるのです。

　大事なのは、このような負けた場面のことを覚えておき、次のトレードで活かすことです。スクリーンショットに書き込みをすれば、ずっと記録として残ります。スクリーンショットにして記録を残さない場合、その日は覚えていたとしても、次から次へと新しい相場がくるので、アイデアをすべて記憶することはできません。

　別の場面を見てみましょう。図1-07は米ドル／円の１分足です。

▌図1-07　勝ちトレードを記録して得意なパターンを残す

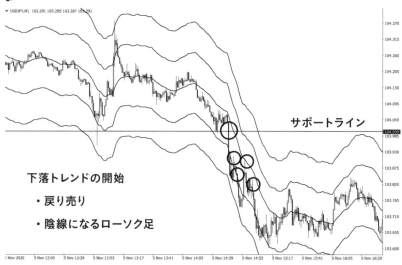

　サポートラインを下抜けしてから、短期の下降トレンドがスタートしました。トレードをしているときは、実際にトレンドが出るかどうかわかりません。「もしサポートラインを下抜けたらショート中心にトレードしよう」と決めていたので、ショートをしていきました。ここでは、下降トレンドのイメージをしてショート戦略を立て、実際にそうなった

らショートを実行すると勝てることがわかりました。「戻り売り戦略」
と、「下げはじめたローソク足が陰線になる場面を予測する」という、
2つの戦略でショートのスキャルピングをしています（2つの戦略は後
述します）。ですから、今後も**相場をイメージし、そのとおりになった
らポジションを取れば勝てるとわかります。逆に、イメージできない場
面ではトレードしないこと、これを学ぶ**ことができました。

　このように、たった1つの相場でも、記録しておくことにより、同じ
ような場面がきたときに同様のスキャルピングができるようになりま
す。これを繰り返し行なっていくと、感覚的に相場感をつかむことがで
きるようになっていくのです。

┃まずは100枚のチャート画像を撮ろう

　トレードノートに書きとめる作業と、スクリーンショットでチャート
に記録する作業は、毎日同時並行して、当たり前になるように進めてい
きましょう。

　スクリーンショットに書き込む作業は、最初は少し面倒に感じるかも
しれません。効果が出るまでに時間がかかりますし、「そもそもスク
リーンショットを残すことで、効果が出るのか……」と思う人も多いか
と思います。しかし、チャート分析の日々の気づきを残していくこと
で、やがて大きな成果へとつながることを私は身をもって経験していま
す。

　ただし、数枚のスクリーンショットに書き込んだだけでは、トレード
が上達することはないでしょう。受験勉強でも参考書をほんの数ページ
読んだところで、あまり意味がないのと同じです。しかし、途中でメモ
を取ったり、重要な箇所に線を引いたりしながら、最後まで読み切る
と、大きなスキルアップになっているはずです。さらに、何度も読み返
せばどうなるかはおわかりですよね。

　それと同じで、**最初は数枚のスクリーンショット**だとしても、**50枚
や100枚**になると、どのような場面でトレードしたらいいのかが、だい

ぶわかるようになってきます。まさに、自分だけのチャートノートを作るつもりで、スクリーンショットを残していきましょう。

　まずは、100枚の画像を撮ることを目指してみてください。そして1枚ずつ、そのチャートのどこが重要なのかを書き込みます。仮に100枚撮るのに3か月かかったとします。その100枚を見返したとき、あなたがその3か月で、どのようにチャートを見てきたのかがすぐにわかるでしょう。もし何も残していないと、「はて、この3か月間、自分は何をしてきたのだろう？」となるのがオチです。昨日学んだことは覚えているとしても、2か月や3か月前の相場となると、覚えていられないのではないでしょうか。覚えていないというのは、スキルアップできていないということです。せっかく毎日チャートを見て考えているのですから、**それをしっかり記録に残し、重要なことはいつでも思い返せるようにしておくのが効率のよい学び方です。**

　その結果、自分のトレードルールを作ることができるようにもなります。何もメモがないと、どのようにルールを作るのかまるで検討もつきませんが、自分が経験した相場をノートやスクリーンショットで見返せるようにしておけば、どんな場面でトレードすればいいのかが見えてきます。極端にいうと、**チャートノートを作っておけば、自然とトレードルールが出来上がる、**くらいに考えてください。

　ちなみに、私がこれまでに残したスクリーンショットは、優に5000枚を超えます。すべてパソコンに入っていて、いつでも見返すことができます。この作業を10年以上やっていますが、ほぼ毎日チャートを見て考えています。気になる相場があれば、スクリーンショットに残す。そうやって記録するを繰り返し、習慣にしているわけです。まさに、自分だけのチャート画像集といえます。何年も継続し、5000枚くらいにもなってくると、「こうすれば勝てる」という感覚とは別に、自分の癖までわかるようになります。そうすると、負けパターンや自分のダメな部分がわかってくるので、リスク管理もできるようになってくるのです。

　実は、トレードの何が難しいかというと、自分の癖を見極めることです。どんなトレードスタイルが合うのか、どんな負け方が多いのか、性格や着眼点はどんなところが多いのかなど、トレーダーによって癖があります。それは個性ともいえますが、往々にして個性は偏っていることがほとんどで、最初からトレードで楽々と勝てるようなバランスのいい可能性は低いです。

　大事なのは、**自分の癖を把握し、伸ばす点と改善する点を見極めること**です。スクリーンショットに記録し、トレードノートに思いついたアイデアを毎日書いていけば、自分の苦手なことや好きな分析方法など、相場の見方の癖がわかるようになります。そうなるために、まず100枚の画像を残してみてください。そうすれば、トレードで利益を上げるためにチャート分析で何が必要か、そしてどんなトレードルールがよさそうか、ヒントがたくさん見えてくるはずです。それからは、300枚、400枚、500枚とスクリーンショットに残していく作業が楽しくなっていくでしょう。

04

具体的に記録に
残すべきこと

■ ルールにできそうなアイデアを書きとめる

　トレードノートには、アイデアや思いついたこと、FXに対する夢やモチベーションについて書き込むといい点は触れました。では、チャートのスクリーンショットは、どのような基準で残して、何を書き込んだらいいでしょうか？　スクリーンショットの書き方について、より掘り下げていきましょう。

　チャートのスクリーンショットを撮り、そこに重要な点を書き込むといっても、初心者が最初からできるものではありません。なぜかというと、FXに関する知識と経験が、ある程度必要だからです。一度もトレードしたことのない人がチャートに書き込もうとしても、どこが重要なのか、何をチャートに書けばいいのか、見極めるのは難しいです。そのため、まず最初から完璧な記録を残そうとしないくらいの心がまえでいいでしょう。書籍を読んだり、ネットで知識をインプットしたりしながら、トレードしてアウトプットする……これらをやり続けて、はじめてまともなスクリーンショットに書き込みが残せるようになります。

　知識がある程度頭に入ってくると、価格が上がるのか、下がるのかも少しずつわかるようになります。漠然とチャートを見るだけかもしれま

せんが、通貨ペアがどのように変動するのか、なんとなくわかってくると思います。数週間もあれば、値動きの感覚は身につくでしょう。仮に1か月間、毎日チャートを見ているだけでも値動きの感覚はかなり身についてきます。すでにトレード経験があれば、今日からすぐにでもスクリーンショットを撮るようにしましょう。

　また、画像に書き込む量は少なめにしましょう。ポイントを一言でまとめて書くことで、あとで見返したときにも頭に残りやすくなるからです。

　スクリーンショットを撮る目的は、あくまでトレードルールを作るためです。このことを常に見失わないようにしてください。何のためにやっているか、目的意識が明確だと、それだけ考える力もつくようになります。

　ルールを作るためには、具体的には次の場面でスクリーンショットを撮るといいでしょう。

・勝ちトレード
・負けトレード
・勝てそうなポイント
・損切りすべき箇所
・利益確定しておく箇所
・テクニカル分析が機能した場面
・1日の流れ
・インジケーターの検証
・トレンドが発生した箇所
・トレンドが止まった箇所
・何度も反転している箇所
・前日の高値安値がどう機能したか
・ローソク足の動き方
（それぞれの場面の1分足、5分足、15分足、1時間足、日足、週足など）

たくさんあると難しく感じるかもしれませんが、要するにトレードしていてチャート上で気づいたことなら何でもいいということです。スクリーンショットは、いわばメモのようなものです。ノートにチャートを手書きするのは現実的ではないので、スクリーンショットで残します。これは本来ノートに書くべきことを、パソコンにメモするという意味合いです。ポイントは、「こういう場面でエントリーすれば勝てるルールが作れるかもしれない」という場面を忘れないように残しておくことです。

　繰り返しますが、**ルールを作ることが目的です。ルール作りにつながりそうなら、メモの仕方は何でもいいでしょう。**

■ はじめは「勝てないトレードルール」でもいい

　何よりも大切なのは、トレードルールを自分で作るプロセスです。トレードルールというと、勝てる手法だと思うかもしれません。もちろん、期待値が高いトレードルールを作るのが理想ですが、最初からそれを構築することは不可能です。

　驚くかもしれませんが、トレードルールは極端にいうと勝てない手法でかまいません。ただし、エントリーとイグジットの根拠は明確にしておくべきです。ルールとは「決めごと」のことです。決めごとをしておくと、それに基づいてトレードした結果を検証することができます。検証し、改善していくのがトレーダーの仕事だと考えてください。**最初から勝てる手法を作ろうとするのではなく、まずは何でもいいのでルールという決めごとを作り、それを実践しながら改善していくのです。**これこそが、トレーダーに必要な行動です。

　ほとんどの人が、漠然としたルールか、ルールがないまま日々トレードしているのではないでしょうか。だから、毎回エントリーの根拠が違ったり、利益確定も損切りもそのときの感情で決めたりしてしまうのです。結果、自分が行なっているトレードが正しいのかどうかの検証が

できず、何年もトレードしているのに、満足した成果が残せないのです。それは、1発で勝てる手法を構築しようと思っていることが要因かもしれません。勝てる手法は、まず勝てなくてもいいトレードルールを作ることからはじまります。なんだか矛盾しているようですが、「こうすれば勝てるのではないか」という推測をし、それを実践して正しいかどうかの検証をすることが、結果的に勝てる手法につながるのです。

　FXでは仮説を立て、実践して検証するというサイクルが欠かせません。そのためにも、まず仮説を立てる。これが、トレードルールの最初の1つ目です。勝てるルールである必要はありません。自分なりに、エントリーとイグジットの根拠を明確にし、少しずつ改善していくのです。

トレードルールは自分で作るから執行できる

「めちゃめちゃ稼いでいるトレーダーの勝てる手法を知ることができれば、自分も勝てるようになる」

　このように考える人は多くいます。しかし、現実にはそう簡単ではありません。なぜかというと、自分が作った手法ではないからです。

　他人が決めたルールには、あることが抜けています。それは、「検証と改善のプロセス」です。ルールを作った本人は、最終的なルールに至るまでにさまざまな検証をし、それなりの労力をかけて行き着いています。なぜそこでエントリーすべきなのか、利益確定と損切りはどうすればいいのか、時間をかけて考え抜かれた末にルール化されているのです。**FXが上達する最短プロセスは、この検証と改善をあなた自身が行なうことです。**

　そのため、他人が構築した「勝てるルール」を知ったとしても、この重要なプロセスを経ていないため、ルールを守るのは極めて難しくなるのです。結局トレードルールは、自ら考えて作るから意味があるのです。どんなに勝てる手法でも、それはあくまでも他人の手法であり、自分で考えたものではありません。そのため、思い入れもないため、

ちょっと勝てなくなるとすぐにやめてしまうのがオチです。100億円儲けたトレーダーの手法を真似しても、100億円稼げることはありません。そうして途中で勝てない時期になると、「なんだ、勝てないじゃないか」という心境になり、100億円稼いだ手法のせいにするのです。

　前著、『最強のFX　1分足スキャルピング』、および『最強のFX 15分足デイトレード』では、チャート設定やエントリーからイグジットまでの根拠を紹介しました。いわゆる「勝てるトレードのルール」です。しかし、それらを読んだからといって、すべてのトレーダーが勝てるようになるとは思っていません。

　読者の方からよく質問をいただきますが、一番多い内容は「数回トレードしましたがうまくいきません」というものです。1年くらい実践し、自分でトレード結果を分析しても勝てないというのなら、何が悪いのかある程度わかるでしょう。しかし、数回トレードしただけでは、検証の余地がありません。私からは、「もっとトレードしてみてください」としかいえません。このような質問をしてくるトレーダーの心情は、「勝てる手法なら自分もすぐに勝てるはずだ」というものでしょう。勝つためには、自らが決めたルールを検証し、改善するプロセスが必要ですが、それを認識していないのです。

　トレードルールは、自分が作るものです。ノウハウが書かれた書籍は参考にはなるのですが、事前準備を自分で行なうプロセスが、ごっそり抜けてしまっています。本書では、エントリーするまでの組み立てを、読者の方が自分で行なえるようにしました。手法ではなく、手法を作るための方法です。それを、次のChapterから学んでいきましょう。

┃チャートソフトはメタトレーダー4（MT4）がおすすめ

　次のChapterから、チャートを使ってトレードルールに活用できる分析方法をお伝えしていきます。すでに使っているFX口座があれば、売買はその口座を使ってください。ただ、チャートソフトは、別で用意し

たほうがいいでしょう。売買する口座は、スプレッドやスリッページが優れていて、信頼できる業者をおすすめします。

しかし、チャートソフトも優れているとは限りません。往々にして、国内業者のチャートソフトでは細かな分析作業に向いていません。**Chapter 3 で説明するラインや、Chapter 4 で説明するインジケーターの使い勝手がいいのは「メタトレーダー 4（以降、MT 4）」です。**MT 4 を採用している国内業者は少ないのですが、私がおすすめするのは J F X 株式会社です。

J F X の口座をお持ちでない方は、口座開設をして MT 4 を使えるようにすると、私と同じチャート分析が可能になります。J F X は MT 4 も使えますし、スプレッドやスリッページなどの取引環境も抜群にいいです。なかでも、売買回数がふくらむスキャルピングを大歓迎と公言しているので、これからスキャルピングをするトレーダーにもってこいの業者です。スキャルパーを歓迎している F X 業者は、国内では異例といえます。無料で口座開設ができ、MT 4 も使えて特典もあるので、まだ口座開設していない方は、まずは J F X の口座開設を済ませてください。何よりも最初に、トレードルールを作るため MT 4 を使える状態にしましょう。

スキャルピングで
絶対に負けないための
基礎作り

05

「ネックライン」を
引けるようになろう

問題に回答して腕を上げていこう

　ここからは、チャートをもとに実践していきましょう。ルールを作る
ということは、自分自身で問題提起をし、それに自ら回答していく作業
の繰り返しです。ぼーっとチャートを見ていても、ルールは作れませ
ん。そうはいっても、何をどう問題提起すればいいのか、わかりません
よね。そこで、私が本書内のところどころ問題を出すので、それに回答
してください。そうすることで、考える癖がついていきます。

　Chapter 2から最後のChapter 6まで、スキャルピングのルールを作
るうえですべて重要なことなので、よく考えながら読み進めてみてくだ
さい。最後まで読めば、最初のころとは見違えるほど、考える習慣がつ
きます。さらに、もう一度読み返してみてください。1回目よりも考え
ることの重要性がわかり、問題が解けることに気づくはずです。だんだ
んとチャートから考える習慣がついてきていると気づくでしょう。
チャートを見て考えると、いろいろな発想があるものだと実感するはず
です。本書で考える習慣を身につけ、トレードルールを作っていきま
しょう。トレードには絶対的な正解はなく、いくつもの答えが存在しま
す。そのなかから、あなたが実際に使えそうな分析方法を見つけてくだ
さい。

　最初に、一番おすすめのテクニカル分析の方法をお伝えします。それは、「ネックラインを引くこと」です。ネックとは「障害になる」「影響を与える」「足かせになる」という意味です。ラインは「線」という意味ですから、「相場変動に影響がある価格帯」と理解してください。

　言い換えると、「節目」や「相場の分かれ道になるポイント」です。分かれ道ですから、そこから大きく上昇したり、レンジから下降トレンドがスタートするかもしれません。それまでの流れが変わる可能性があるということです。つまり、**ネックラインが引けるというのは、相場の方向性がわかることに他なりません。**この先どんな値動きをするのか、まったく予測できない手探りの状態でスキャルピングをするよりも、ある程度潮目が変わると認識できたほうが準備できます。そのポイントが把握できると、レンジからトレンドに変わるとき、トレンドがさらに方向性を強めるときなど、スキャルピングに絶対必要な短時間の流れがわかります。

　ラインを引くだけなので、難しい分析方法ではなく、むしろ簡単にできます。そのため、ネックラインを引くことは、テクニカル分析で一番のおすすめです。

　これからさまざまなテクニカル分析の方法を見ていきます。テクニカル分析で重要なのは、分析方法を1つに絞るのではなく、2つ以上の分析方法を組み合わせることです。たとえば、確率が60％のテクニカル分析1つだけでは、それ以上改善することはできません。しかし、確率60％の分析を2つ、3つと組み合わせることで、確率が65％や70％に上がっていくのです。ネックラインは、どんなテクニカル分析でも組み合わせることができます。この先、ネックラインはたくさん出てくるので、ぜひマスターし、活用してください。

ネックラインは「水平」に引くのが一番わかりやすい

　図2-01は、米ドル／円の１分足です。全体的に下降トレンドということがわかります。ここから、ローソク足を見て、相場の分かれ道になっているポイントを見つけてください。

図2-01　米ドル／円の１分足チャート

　どこが分かれ道なのか、チャートを見ただけで把握するのは困難ですね。そこで、ネックラインを引きます。図2-02を見てください。

図2-02　ネックラインで相場の分かれ道がわかる

最初に急落し、Aが安値になりました。そのあとは、安値になったA
から上昇するのか、それともAをさらに下抜けして下落していくのか、
という相場です。Aの価格帯が「相場の分かれ道」になったのです。つ
まり、Aの価格帯にネックラインを引くと、この相場の説明ができるの
ではないでしょうか。ネックラインを下抜けしてからBやCで上抜けし
ようとしますが、失敗して反落しています。同じ価格帯で何度も反落す
るのは偶然ではありません。何かしらネックになる価格帯だからです。
ここで、何とか上抜けしてほしいトレーダーは、買い注文を出すかもし
れません。一方、絶対に上抜けさせたくないトレーダーは、BやCで売
り注文を出します。どちらにしても、売買が交錯するポイントですか
ら、勝者と敗者が明確になります。結果、勝者が望んでいる方向へ進ん
でいくのです。

　このように、ネックラインを1本引くだけで、相場の説明がつきま
す。まずは、過去のチャートでネックラインを引けるようになってくだ
さい。過去の相場で、なぜ上昇したのか、下落したのかを説明できるよ
うになってください。ネックラインは相場の潮目で、流れが変わるポイ

ントです。このようなポイントが把握できるようになると、エントリー
ポイントがわかります。**何もない箇所でルールを作るのは至難の業です
が、潮目が変わるポイントでスキャルピングをすることが、ルールを作
るためのコツです。**

　そして、ネックラインは水平に引くのが一般的です。斜めに引くネッ
クラインもありますが、それはトレンドラインになるので、トレンドラ
インの項目で説明します。

　では、図2-02のCで反落したあとにもう1本ネックラインを引いてみ
てください。Cのあと、ただ下落しているように見えますが、やはり、
下落する分かれ道がありました。

▌図2-03　ネックラインという壁を下抜けると下げる勢いが強まる

　図2-03を見てください。BとCの間のD、Eで安値をつけながら、
なんとか下落するのをこらえています。しかし、Fでブレイクすると一
気に下落のスピードが速くなりました。

　このように、**相場の方向性が出るときは、節目となる価格帯がありま**

す。売買が激しくなり、買いと売りが混在します。勝負がつかないとき
は、方向性が出ずにレンジになりますが、どちらかが勝利すると、その
方向へ走り出します。ネックラインを「壁」と見立てると、Fでは壁を
突破したことになります。今までの売り圧力にさらに拍車がかかり、下
落していきました。

高値と安値の入れ替わりをよく観察する

　図2-04は、ユーロ／米ドルの５分足です。どこにネックラインを引
くことができるでしょうか？

図2-04　ユーロ／米ドルの5分足チャート

　ネックラインを引くときは、チャートの左側から見るようにします。
実際に引くときも、チャートの左から右へ引いていきます。あとづけで
ネックラインを引くのと、現在進行形のチャートで引くのとでは、少し
異なります。実戦では、左側から、まだ完成していない未来に向けて引
きますよね？　まだローソク足が確定していませんから、「ここがネッ

クラインになるかな？」という予測をしていきます。過去のチャートだと、ネックラインに「なった」という事実を見つけるだけのため、実戦で出来上がったチャートにラインを引くのとは異なります。その点、過去のチャートの分析と実戦では異なるので、注意してください。実戦をイメージしながら、左から右に向けて過去のチャートにラインを引きましょう。

では、どこでネックラインが引けるのか、図2-05を見てください。

▌図2-05　ネックラインは高値と安値が混在している箇所に引く

A、B、Cの3つのネックラインが引けました。同じように引けましたか？　おそらく、違う引き方をしたのではないでしょうか。私が引いたのはこの3本ですが、**ネックラインの引き方に正解はないので、あなたが引いたラインで、相場の流れが説明できれば問題ありません。**

ここでのアドバイスは、ネックラインを引くときは、チャートの高値と安値を見るようにすることです。そうすると、同じ価格帯で反転やブレイクをしているポイントが見えてきます。たとえば、最初Aにきたときはそこが高値でした。Aのネックラインは、レジスタンスラインに

なっていたはずです。しかし、レジスタンスラインを上にブレイクした
あとは、サポートラインになりました（これをＳ波動といい、くわしく
は後述します）。Ａの価格帯に戻ってきても、反発してＡより下げさせ
ない圧力がかかったのでしょう。ネックラインＡの一番左は高値のポイ
ントですが、一番右は安値になります。高値と安値が混在しています
が、ポイントはやはり高値と安値です。直近の高値と安値が、いずれも
ネックラインになるという認識をしてください。

　Ｂも同じです。ネックラインＢの一番左は高値ですが、右に進むにつ
れ安値になっています。高値をブレイクすると、今度はその価格帯が安
値になります。**高値だった価格帯が、安値として反応しているポイント
を見つけると、ネックラインが引けます。**

　Ｃも同様です。ネックラインＣの一番左は高値ですが、ひとたびＣの
価格帯を上にブレイクすると、今度は安値になっていることがわかりま
す。

　闇雲にチャートを見ていると、どこにネックラインを引いていいかわ
かりません。そこで、ポイントを絞って、直近の高値と安値を見るよう
にすると、ブレイクや反転など、何かしら反応している価格帯を見つけ
ることができます。それが、ネックラインなのです。

　また、ネックラインは、ぴったりその価格帯で止まるのではなく、１
分足だと数pipsはみ出すのが普通です。図2-05のネックラインＡ、Ｂ、
Ｃを見るとぴったり反転しているように思えますが、そうではありませ
ん。特にネックラインＢやＣをよく見てください。ネックラインを少し
はみ出しています。時間が経つと、上ヒゲや下ヒゲだとわかりますが、
実戦ではブレイクしたものと勘違いしやすいので、注意が必要です。
ネックラインでは、ぴったり価格が止まるのではなく、数pipsはみ出る
ことを想定してスキャルピングをするようにしましょう。

06 相場環境がわかれば 対策ができる

メインのチャートは1分足と5分足がおすすめ

スキャルピングをするとき、エントリーのタイミングを測るチャートは、1分足や5分足をメインにするのがおすすめです。ティックチャートや10秒足などの秒足を使うトレーダーもいますが、私は使いません。以前使ったことがありますが、あまりにも値動きが速過ぎて、少し見ているだけで疲れてしまったからです。また、数秒単位のトレードになりがちなので、トレード回数が莫大になります。FXでは、トレード回数が多ければ利益も多くなるわけではありません。結局は、無駄なトレードが増えてスプレッド分のマイナスになるのがオチです。1分足や5分足なら、数秒単位のスキャルピングもできますし、数分単位のトレードも可能です。

ただし、1分足や5分足だけを見ていれば勝てるわけではありません。1日のスキャルピングをはじめる最初に、上位足がどんな流れであるかをチェックする必要があります。

たとえば、**日足が強烈な上昇トレンドのとき、この流れを知らずに1分足や5分足だけを見てチャート分析をしても、確度の高い予測ができるとは思えません。**1分足で上昇するにしても、日足が上昇トレンドな

らトレンドフォローだとわかります。上位足をチェックしないのは、森のなかの一部の木を見ているのと同じです。森全体を見ることで、どの方向へ進めばいいかわかります。それと同じで、上位足の流れを見て、下位足の1分足や5分足でスキャルピングのタイミングを測るようにします。トレードをはじめる前には、大局がトレンドかレンジかの把握をしておきましょう。そのうえで、1分足や5分足のその日の流れを見て戦略を立てるようにします。

トレードの前に上位足の流れを把握する

　図2-06は豪ドル／円の日足です。Aのポイントで年初来高値を上にブレイクし、上昇トレンドが継続している場面です。大局は上昇トレンドです。少なくとも、下降トレンドではありません。レジスタンスラインで抑えられていた高値をブレイクしたので、レンジ相場ではないと判断できる状況です。

図2-06　高値をブレイクして上昇トレンドの日足

これで、スキャルピングを開始するとき、大局は上昇トレンドだと認識できました。エントリーが買いの場合は、日足に対してトレンドフォローに、売りの場合は逆張りになるとわかります。これだけでも大きなメリットです。この上位足の流れを認識したうえで、1分足や5分足を見るようにします。

　今回は、5分足を見てみます。図2-07は、日足のAのポイントを5分足にしたものです。年初来高値をすでに更新し、上昇トレンドの最中であるという前提で見てください。

▌図2-07　日足を5分足で確認する

　AとBに2つのネックラインがあります。まず、Aが高値側のネックラインです。これはわかりやすいですね。安値側のネックラインはどうでしょうか？　実戦では、Cで反発したときにネックラインが引けるはずです。B、Cが同じ価格帯で反発しているので、2点を結んで水平ラインが引けます。そのあとは、ネックラインをブレイクするのか、それとも反転するのかをチェックします。ネックラインにぶつかるポイントでスキャルピングをするといいでしょう。そうすると、D、E、Fでト

レードできます。売りと買いのどちらでエントリーするかなどの細かい
ルールは別としても、スキャルピングはネックラインにぶつかるポイン
トでやるとルール化しやすいことを覚えておいてください。エントリー
タイミングについては、この先で説明します。

　また、ネックラインにぶつかったあとに、上昇トレンド回帰するなど
イメージどおりになれば、トレンドフォローで繰り返しスキャルピング
ができます。今回は、ネックラインを何度も行き来していますが、仮に
Cで上昇トレンドに回帰すれば、ずっとトレンドフォローをしていけば
いいのです。要点は、上位足で流れを把握することです。そうすること
で、５分足で引いたネックラインから反発してトレンド方向に向かった
場合、自信を持ってスキャルピングをすることができるわけです。

　図2-08は、ポンド／円の５分足です。どのような戦略を立てられる
か、考えてみましょう。

▋図2-08　ポンド／円の５分足で戦略を立ててみる

この図だけで、スキャルピングの戦略を立てられそうでしょうか？ ネックラインは何本か引けそうですが、５分足だけでは、何も戦略を立てられないのではないでしょうか？　これはあとづけのチャートですが、どこでエントリーしていれば勝てたのか、イメージするのは難しいです。実戦でも同じことです。いざトレードをやろうと５分足を見ても、どこでトレードしていいのかわからないはずです。そもそも、上位足の流れがどうなっているのかを把握しないといけないからです。

　実は、このポンド／円は、図2-07の豪ドル／円と同じ時間帯の５分足です。比較すると、チャートの形がよく似ていることがわかります。通貨ペアは違いますが、どちらもクロス／円です。円につられて相場が動いていたのでしょうか、似たような動きをしました。では、このとき豪ドル／円とポンド／円の５分足が似たような形なので、スキャルピングの戦略も同じでいいでしょうか？

　ここで、上位足の日足を見てみましょう。図2-09は、ポンド／円の日足です。

▌図2-09　日足でネックラインにぶつかったポンド／円

　丸のポイントは何度も反転とブレイクをしており、相場の分かれ道となる価格帯です。そのためネックラインが引けます。現在はAで、このネックラインにぶつかりました。Aまでに上昇トレンドが継続したままネックラインにぶつかっているので、反落するか、それとも上にブレイクするかのどちらかです。

　では、もう一度5分足で戦略を立ててみましょう。図2-10は、図2-08と同じ5分足にネックラインを引いたチャートです。

▌図2-10　5分足にネックラインを引くと戦略が立てられる

　ネックラインAは、日足のネックラインと同じ価格帯で、直近の高値です。一度、勢いよく上にブレイクしましたが、すぐに戻ってきました。そのため、ブレイクがダマシではないかと想定できます。そのダマシと思われるブレイク前には、ネックラインBでところどころ反応し、上下動していました。豪ドル／円の場合は、年初来高値を更新していた最中の5分足でしたが、ポンド／円は、日足で高値更新を失敗したときの5分足でした。

5分足では似たようなチャートでしたが、実は上位足の環境はまったく異なっています。豪ドル／円は高値更新中、ポンド円は高値更新を失敗しています。つまり、この2通貨ペアのスキャルピング戦略は、違っているべきということです。豪ドル／円は上昇トレンドなので多少下げたとしても、そのあとは上がる想定で、下げたら買いの戦略がイメージできます。一方、ポンド／円は、高値更新に失敗しているので、上げても下がってくる想定で、上げたら売りの戦略がイメージできます。**5分足は似た形でも、上位足の環境により、戦略は真逆になります。ちょっとした相場環境の違いで、戦略は変わるものだと認識してください。**それだけチャート分析は重要です。

07

トレンドとレンジを
意識的に見る

実戦では3つのパターンを想定しておく

　上位足と下位足で相場の流れを把握したあとは、より細かい分析をしていきましょう。日足などの大局は、大きな流れをあらわしています。次は、15分足から1分足レベルの時間軸でエントリーのタイミングを測っていきます。そのためには、トレードする時間軸がトレンド相場か、それともレンジ相場かを認識するのがおすすめです。

　次ページの図2-11は、米ドル／円の15分足です。この図の相場の流れは、「下降→横ばい→下降」と推移しており、下降トレンドだとわかります。この流れを前提に、Aからトレードを開始するとします。Aはどちらに動くかイメージできますか？

図2-11　下降トレンドの最中でどちらにいくか予想する

　ここで、上に行くか下に行くか、当てようとしてはいけません。FX
で利益を上げるには、将来の値動きを完全に予測することと考える人が
多くいますが、実はそうではありません。当てようとするのではなく、
常に3つのパターンを考える必要があります。

・上に行くパターン

・下に行くパターン

・横ばいのパターン

　このことを言い換えると、次のようになります。

・上昇トレンド

・下降トレンド

・レンジ

　スキャルピングをするとき、私はいつもこの3つをイメージします。

そしてこの先、3つのうちどれになりやすいかを確率的に考えます。スキャルピングなら、ポジションの保有時間は数分単位なので、数分先に最もなりやすいパターンを予測し、その方向へポジションを持ちます。

たとえば2分先は上昇する確率が高いなら、買いポジションを持ちます。ネックラインにぶつかって5分先は下落するイメージが強ければ、売りポジションを持ちます。損切りするときは、イメージどおりにならなかったときに行ないます。**上か下かをズバリ当てようとするのではなく、「上に行くならこんな形かな」「下へ行くならこんなパターンかもしれない」というように、すべての方向へ予測することが大事です。**そして、確率が高そうな方向へポジションを持ちます。特にルールを作るときには、この考え方はおすすめです。

では、Aがどうなったか、結果を見てみましょう（図2-12）。

▌図 2-12　下降トレンドが継続した15分足

下降トレンドが継続しました。15分足の情報しかないので、判断は難しいかもしれません。しかし、それは上か下かを当てようとするから

です。「上に行くならこのパターンで」「下ならこう」「レンジならこう」というように、常に３つのパターンを考えることが重要です。

　そして、確率的にどれが高そうかを、テクニカル分析を行なってはじき出していきます。トレードルールを作るには、過去のチャートで、確率が高そうな場面を見つけていきます。すでに出来上がったあとづけのチャートを分析しますが、そもそも過去のチャートで分析ができないと、３つのパターンをイメージできません。未来の価格を予想するのではなく、あなたが行なうのは３つのパターンをイメージすることです。そのためには、過去のチャートで、すぐに３つのパターンをイメージできるようになってください。

　では、Ａでどのようなトレードができるか、１分足でくわしく見てみましょう（図2-13）。

▍図2-13　１分足でくわしく見てトレードポイントを見つける

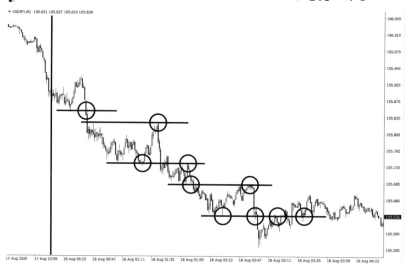

　縦ラインより右側が、図2-12の15分足のＡの部分です。15分足ではわかりませんでしたが、上下動しながら高値と安値を切り下げているの

で、ネックラインを引くことができます。なんとなくの「上か」「下か」「レンジか」という３つのパターン分けから、より細かい１分足を見ることで、しっかりとラインを引くことができました。**スキャルピングのメリットは、このような細かい値動きでトレードできることです。**ネックラインにぶつかった丸印をつけた箇所で、トレードすることができそうです。このように、ルールを作るには、過去のチャートでトレードできそうなポイントを見つけることからスタートしましょう。

レンジからブレイクするときの「ダマシ」に注意

　図2-14は、ポンド／円の５分足です。トレンドかレンジか、環境を踏まえてAの値動きを予測してみましょう。

図2-14　レンジ相場から次はどうなるか予測する

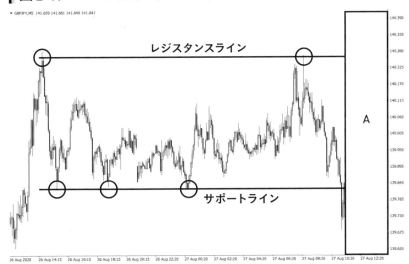

まず、レジスタンスラインとサポートラインが引けるので、トレンド相場ではないことがわかります。どちらかというとレンジです。ただし、Aの手前で一度サポートラインを下抜けしています。そのまま下降

トレンドに移行するか、レンジに戻るかの二択が考えられるでしょうか。少なくとも、上昇トレンドになる可能性は低いでしょう。そうすると、ここで大事なのは、2つのパターンを考えておくことです。**下降トレンドかレンジかを決めつけるのではなく、どちらの可能性も考えておきます。**

　では、どうなったのか。図2-15を見てください。

▌図2-15　ラインをブレイクしてもダマシのケースがある

　結果はレンジ相場に戻りました。サポートラインやレジスタンスライン（＝ネックライン）をブレイクすると、「トレンドが出るかな？」と予想しがちです。しかし、ラインを抜けてもトレンドが出るわけではありません。Bのように、すぐに反転してレンジに戻ることもあります。「価格はラインでぴったり止まるものではない」と覚えておきましょう。ラインにタッチしないことも、ラインを抜けることもあります。B**のようにラインをブレイクしてローソク足が確定したにもかかわらず、反転してレンジに戻ることもあります。**また、Cのように長いヒゲになることもあります。特にBでは、反転するまでに時間がかかったので、

あたかも完全に下抜けしたかのようでした。重要なことは、トレンドが開始するにせよレンジに戻るにせよ、イメージと異なる値動きなら、エントリーしないか、損切りをすることです。

　ルールを作るときは、まずはネックライン付近でどのようなトレードができるかを考察することがおすすめです。そうすると、B、C間でスキャルピングをすることもできるようになります。B、C間は、ネックライン同士の間です。ネックラインで反応した価格が、次のネックラインにぶつかるまでの期間なので、この値幅を狙うという戦略を立てることもできるのです。

08 「順張り」なのか 「逆張り」なのかは 上位足で判断する

スキャルピングの順張り3つと逆張り1つ

　スキャルピングのエントリー方法には、順張り（トレンドフォロー）と逆張り（トレンドに逆らう）があります。1分足や5分足だけ見ると、トレンドに乗るのか、それともトレンドに逆らうのかを気にしてしまうかもしれません。しかし、順張りか逆張りかは、あまり気にしないほうがいいです。なぜかというと、エントリーする1分足や5分足と、上位足の相場環境が異なるからです。

　スキャルピングは短い時間軸を使うとはいえ、上位足の流れが大切なことはすでに触れたとおりです。下位足と上位足を常にセットで見るため、**大きな流れと、エントリーしようとするときの小さな流れが一致するとは限りません。**たとえば、森のなかを出口に向かって進んでいて、一時的に出口とは離れた方向へ進むこともあるでしょう。それは、遠回りするしか道がないからです。また、山を登っているときも、一時的に下る局面もあるかもしれません。頂上にたどり着くことは変わりませんが、山は常に登りではなく、途中で下る箇所があるからです。

　トレードでも同様に、今が反対方向か、下っているのか、その点だけを見てもあまり意味はありません。全体を見たうえで、そのなかのどの

ような点なのかを把握しておくのです。このように、**1分足では逆張り**
でも、上位足の4時間足では順張りになる場合があります。順張りも逆
張りも、どちらもできるようになりましょう。

順張りには、次の3種類があります

・**押し目買い**
・**戻り売り**
・**ブレイクでエントリー**

一方、逆張りは、一時的な反転を狙うトレードです。短期トレンドに
は一時的な反転があるので、そのタイミングを狙います。レンジ相場な
ら、レンジ幅の上限と下限の反転を狙います。スキャルピングには順張
り3種類、そして逆張り1つを合わせて全部で4種類あります（ただ、
厳密に4種類と定義されているわけではありません。あくまでも認識で
きていればいいでしょう）。

ネックライン付近でルールが作れる

次ページの図2-16は、米ドル／円の1分足で、図2-13（60ページ）
と同じチャートです。図2-13では、ネックラインを引いて、ネックライ
ン付近でスキャルピングができるイメージをしました。今回は少し
具体的に、順張りや逆張りがどのようにできるかを見ていきましょう。

図2-16　ネックライン付近では順張りと逆張りができる

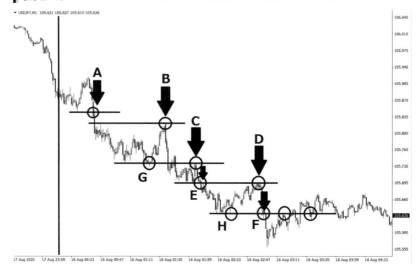

　A、Bが戻り売りです。そのあとも、C、Dのポイントで戻り売りができます。下降トレンドなので、戻ったら売るのがトレンドフォローです。下降トレンドとはいえ、一方向へ下げ続けることはなく、安値を更新したら戻りをつけます。戻ったところではネックラインで反落することが多いので、トレードチャンスになります。

　また、E、Fのように、安値を更新するポイントでは、ネックラインのブレイクを狙うこともできます。以上、A〜Fは順張りのトレンドフォローになります。

　一方、G、Hのように、ネックラインで反転のチャンスを狙うのが、逆張りスキャルピングです。

　いずれにしても、ネックライン付近でスキャルピングができると覚えておいてください。ルールを作るうえで、この仕組みを知っているだけでもかなり有利になります。

09

1分足と5分足での
予測の方法

価格ではなく、次のローソク足を予測する

　どんなトレードスタイルでも、上がるか下がるかを予測してエント
リーします。スキャルピングは、1回のトレードが数秒から数分単位で
す。エントリー後は、イグジットまで時間が短いので、ポジション保有
中の動きを予測しやすいです。

　ただ上がるか下がるかのみを予測してエントリーするよりも、ポジ
ション保有中の値動きまで考えることで、より深い根拠を探そうとしま
す。スキャルピングだと、エントリーしてからイグジットするまでに確
定するローソク足は1本から数本です。5分足だと、確定するローソク
足は1本か2本でしょう。**ローソク足が少ないので、陽線か陰線のどち
らになるかを考えてからエントリーすると、トレードしやすいです。**こ
れは、スキャルピングのメリットといえます。

　たとえば、5分間ホールドするスキャルピングをするとします。5分
足は1本しか確定しないので、そのローソク足が「陽線と陰線のどちら
になるか」を予測すればいいのです。これから上がるか下がるかを予測
するのがトレードですが、この考え方だと、どこまで上がるのか（下が
るのか）を含めて考えなくてはなりません。しかし、価格まで予測する

のは難しいです。そこで、**上がるか下がるかではなく、そのローソク足が陽線か陰線のどちらになるか、を考えてみましょう。**さらに、１分足や５分足のどちらか一方ではなく、１分足と５分足の両方を考えるようにするのです。

　５分足が確定するまでに、１分足は５本のローソク足が発生します。５分足を陽線と予測するなら、１分足ではどんな５本のローソク足になるのかを考えるわけです。５分足が陰線なら、１分足だとどんな５本になるでしょうか。それを考えることでエントリーがしやすくなります。

▍上昇トレンドならローソク足は陽線になる

　では、どのようにローソク足が陽線になるのか、陰線になるのかを予測すればいいのかについて説明していきます。

　図2-17は、ポンド／米ドルの５分足です。

▍図 2-17　上昇局面ではローソク足が陽線になるイメージを持つ

　ネックラインを上にブレイクし、Aから上昇トレンドが発生しまし

た。実際にトレードするときは、ブレイクをイメージできたとしても、「どこでエントリーするか」が重要です。そのとき、陽線か陰線かをイメージするのです。

　Aで上昇トレンドがスタートするなら、5分足は陽線になります。まず、5分後に1本ローソク足が確定します。**陽線を予測しますから、1分足では5本のローソク足のうちに長い陽線があるはずです。もしくは、短い陽線だとしても、陽線が何本か連続しているはずです。**5分足のAでは、実際に長い陽線が出ています。このように、5分足で陽線か陰線かをイメージしたら、次に1分足でどのような5本になるのかを考えていきます。

　では、Aの部分が1分足で実際にどうなったか、図2-18で確認しましょう。

▌図2-18　1分足でどのような陽線になるかイメージする

　1分足のAを見ると、長い陽線が連続しています。5分足が陽線ですから、当然のことです。陽線が5本連続するか、それとも陽線が3本、

陰線が２本かもしれません。今回は陽線が５本連続しました。どちらにしても、数秒から数分のトレードですから、陽線か陰線かをイメージして、その方向へエントリーすることができます。

　たとえば５分足で陽線をイメージできたら、買いポジションを持って５分後にイグジットすれば利益確定できます。１分足で５本連続陽線をイメージしたら、１本ごとに買いエントリーとイグジットを繰り返してもいいでしょう。ポジション保有時間は、１分足と５分足では異なります。５分足で陽線だとしても、１分足で陰線が出るときは、一時的に含み益が減ります。これを避けたい場合は、５分間ホールドするのではなく、１分単位でトレードすればいいわけです。「陽線→陽線→陰線→陰線→陽線」というイメージなら、最初の２分間で利益確定をし、陰線が出た３本目と４本目は様子見として、最後の１本でまた買いエントリーすればいいでしょう。

　ここで、「５本ともイメージどおりにいくはずがない」と思うかもしれません。たしかに、１分足で陽線か陰線かを当て続けるのは無理です。５本連続を当てるなんて、かなりハードルが高いことですよね。そこで重要なのが、確率です。１分足でいきなり陽線か陰線かを当てようとすれば、たしかに難しいです。しかし、５分足ですでに陽線か陰線かをイメージしていますよね。それが正しければ、１分足の５本を陽線か陰線か、仮に適当に予測しても当たる確率が高いです。それは、５分後に今より上がっているか、それとも下がっているかがイメージできているからです。ですから、**１分ごとに５回トレードしても、５分足で陽線か陰線かの予測が正しければ、確率的に５回のトレードの合計では利益が出ているのです。**

　また、実際にスキャルピングをしてみると、本当に確率論に収束することがわかります。私も、「今から１分足で５本連続陽線か陰線か当ててください」といわれたら、正解する自信はまったくありません。しかし、ネックライン付近で、テクニカル的に相場の分かれ道となる場面で分析をし、５分足で上か下かの方向性を決めることができた場面なら、

少しは自信があります。負ける場面もありますが、トータルで見ると、実際にこれまでに何年も利益が出ているので、確率的には勝てているということになります。

　このように、**5分足と1分足のローソク足が、陽線か陰線かをイメージする訓練をしてみてください。**これだけでも、スキャルピングのルールが決めやすくなるので強くおすすめします。

▍1分足の5本分が5分足の陽線になる

　では、図2-19を見てください。ポンド／米ドルの5分足です。A、Bで長い陽線が発生しましたが、1分足でどのような動きになるか、A、Bそれぞれイメージしてみてください。

▍図2-19　5分足で長い陽線が出た2つの箇所

　まず、Aから見ていきましょう。次ページの図2-20は1分足で、Aは図2-19の5分足のAと同じポイントです。

図2-20 5分足の長い陽線は、1分足で見ると陽線が連続する

Aは陽線が連続しています。ここは勢いよくブレイクしたのでしょう。上ヒゲも下ヒゲもほとんどないので、5分間ほぼ上げ続けたというのがわかります。実際にトレードしているときは、陽線をイメージしたらエントリーすることになります。5分足で陽線が確定するまでホールドすれば、1回のトレードで済みます。もしくは、1分足で1本ごとにスキャルピングしたほうがいいか、考えてみてください。1本ごとにトレードすれば5回になりますが、確率的に勝てる場面です。

　図2-19の5分足のBの箇所も、Aと同じくらい長い陽線になっています。図2-21が1分足です。Bは5分足のBと同じ箇所です。

図2-21　1分足では上ヒゲつきのローソク足が連続

　Aと同様、陽線が連続しています。ただし、陽線のなかに長い上ヒゲも見られるため、一時的に下げた場面があったということです。この上ヒゲで翻弄されることが多いので、注意が必要です。1分足で上ヒゲが出ると、「下がるのかな？」と感じるはずです。しかし、1分足で陽線になるにしても、上下のヒゲはあるものです。上ヒゲになったからといって、そこから下げるわけではありません。上ヒゲを作り、次のローソク足でまた上げていき、5分後には全体として上げているのです。つまり、5分足では陽線になるということです。**1分足だけ見ていると、ちょっとした下げにも敏感になってしまいます。5分足で陽線をイメージしたなら、1分足の少しの下げは当然だと考えるようにしてください。**5分間で上下動しながら、徐々に高値を更新していくイメージなので、1分足の過敏な動きに翻弄されないことが大切です。

10

指標発表時など
イベント相場での動き方

指標時は短期で値幅が出るのでトレードのチャンス

スキャルピングは、どの時間帯でもトレードできます。また、スプレッドが広くなければ、どの通貨ペアでも取引することが可能です。

ただし、1つだけ注意しなければならないのは、経済指標の発表や政治イベントのときです。このときは、結果次第で相場は大荒れとなり、乱高下することがあります。スプレッドも広がります。特に経済指標はさまざまなものがあるので、トレードを開始する前にチェックしておかなければなりません。なかでも相場変動に影響を与える重要指標は必ずチェックします。特に英国や米国の経済指標は注目度が高いです。

ただ、経済指標は発表時間が正確に決まっているので、その時間がきたらスキャルピングをいったん中止しましょう。たとえば、英国の経済指標なら日本時間の18：30、米国なら22：30や24：00というように、発表される時間が決まっているので、事前の対策は十分できます。経済指標前は、ネックラインを引くなどして、待ちます。

そして、経済指標発表後は、短期トレンドが出るのでスキャルピングがしやすくなります。1秒で10〜20pipsほど動くなど、通常の相場では考えられないほど値幅が出たりします。また、経済指標をきっかけに短期トレンドが発生するので、スキャルピングの絶好のチャンスといえます。

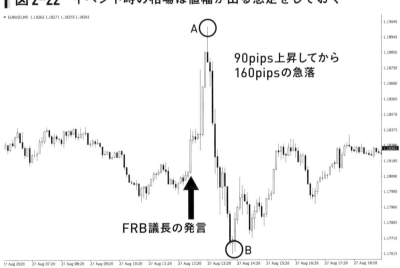

　注意点は、値幅が大きくなる点です。たとえば、ポジションを１分間ホールドするにしても、値幅が大きいと、普段なら５pipsしか変動しないところ、20pipsや30pipsも動くことがあります。そのため、利益確定や損切り幅を広くしたり、取引枚数を減らしたりするなどの対応をします。

　図2-22は、ユーロ／米ドルの５分足です。FRB議長の議会証言があり、相場が乱高下しました。このとき、どんなトレードができるか、考えてみましょう。

▌図2-22　イベント時の相場は値幅が出る想定をしておく

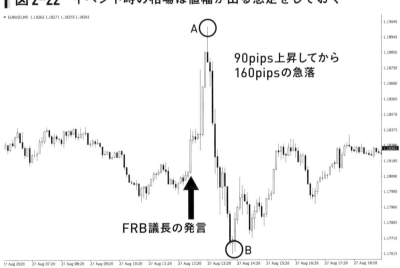

　FRBなどの発言系のイベントでは、要人の一言に注目が集まります。今後の金融政策の方針や長期的な為替市場への思惑など、含みを持たせた発言も多く、投資家はその要人が何をいわんとしているかを解釈しようとします。

　たとえば、FRB議長が長期的にドル売りにつながる政策を行なおうとしているのであれば、ドルは一気に売られます。ユーロ／米ドルなら

ユーロ買い、ドル売りの注文が入ることになるので、ユーロ／米ドルは図2-22のチャートのようにいったん急騰します。そのため、イベントがあるときは、相場が動く前にポジションを取るのは危険です。ただし、動いたあとにスキャルピングをすれば、問題ありません。

　また、Aで急落したように、数分前の雰囲気とは正反対になることもあります。発言内容により、投資家がドル売りからドル買いの解釈に変更したからです。FRB議長の発言からAまで、30分で90pips上昇しました。そのあと一変し、1時間かけて160pipsも下落しています。

　このように、イベント時はたった1つの発言で急騰や急落を繰り返す可能性があるので、注意が必要です。実戦では、この値動きを予測することは不可能です。1つの発言で急変するので、テクニカル分析は意味がないでしょう。そこで、先ほど触れたように、**そのローソク足が「陽線と陰線のどちらになる確率が高いか」を考えると、スキャルピングが楽になります。**

　具体的に見ていきましょう。FRB議長の発言からAまで、ほぼ陽線です。このとき、さらに陽線をイメージして、上昇トレンドについていきます。買い戦略です。逆に、陰線が出たら、今後は陰線が続くイメージをして売り戦略で下落についていきます。どこかで反転しますが、ローソク足1本で反転するのではなく、ある程度トレンドを出してから反転することが多いです。5分足だと、何本か同じ方向へトレンドが出てから反転します。そのため、同じ方向へ進んでいるときは、その方向へついていくと、反転するまでは連勝することができます。

　ここで問題になるのが、何回反転するかです。反転は何度もあるものではありません。**高値を更新したら反転し、今度は安値を更新したら反転するという場合が多いです。つまり、チャートのA、Bのように、2回が最もよくあるパターンです。**「高値更新」「安値更新」の2回です。Bで反転したあとに、急騰してさらにAの高値を更新する、というパターンは少ないです。そのため、**高値更新するまで上昇についていく、安値更新するまで下落についていく、というスキャルピングを私はよく**

行ないます。

では、A、B間を1分足で見てみましょう（図2-23）。

▍図2-23　1分足で陽線か陰線かイメージする

　A、B間は、図2-22の5分足では陰線が連続していました。1分足で見ると、ところどころに陽線が混ざっていることがわかります。陽線と陰線が混在しながら、5分後には下げているイメージを持つといいでしょう。つまり、陽線が出たら、それは戻り売りのチャンスといえます。今回はAからBまで160pips下げましたが、実戦ではどこまで下げるかわかりません。そのため、陽線が出たあとにさらに高値を更新するようなら、いったん売り戦略をやめればいいでしょう。

　下げている間は、とにかく売り続けることが重要です。1回の損切りを恐れて、みすみす下げ相場をすべて様子見とするのは、もったいないです。損切りは常にあるので、そのトレンドにおいてトータルで勝てればいいものだと考えましょう。

　いきなりスキャルピングをすることに抵抗がある方は、まずはローソ

ク足をよく観察するようにしてください。**5分足で陽線か陰線か、そして1分足ではどうなのか。高値と安値をチェックし、ネックラインを引いておく。これが重要です。**

5分足と1分足を組み合わせてローソク足をとらえる

　図2-24は、2020年8月のアメリカ雇用統計時のユーロ／米ドル1分足です。右端のAがどうなったかイメージしてみてください。Aの手前では、陽線が4本連続したあと、陰線が出ています。

図2-24　雇用統計発表後の1分足チャートを予測する

　図2-25が結果です。

図2-25　安値更新したあとに戻りをつけて陰線をイメージ

陽線が
4連続

A

アメリカ雇用統計の発表

　指標やイベント時は、「高値と安値を更新しやすい」ということでした。指標発表直後は高値を更新し、大きく反落したあとAの手前で陽線が4本連続しました。このとき、指標発表時の安値が意識されていることがわかります。4本連続の陽線のあと、陰線が1本出ています。この陰線がポイントになります。4本連続陽線で戻りをつけ、そこから勢いよく下降トレンド回帰するイメージができればいいわけです。ただし、高値と安値を更新しやすいとはいえ、Aで下落するわけではありません。**上昇、横ばい、下落の3つのパターンをイメージし、どうなりやすいかを確率的に考えることが重要です。**「下落すると思うから下落パターンしか考えない」、これはダメです。いつも3つのパターンを考え、確率的に高そうな方向を選ぶのです。

　では、Aの箇所を5分足で見てみましょう（次ページ図2-26）。

図2-26　1分足チャートを5分足でとらえる

　5分足だと、Aの前後はすべて陰線でした。1分足で陽線が4本連続した箇所は、5分足だと下ヒゲと上ヒゲになっています。これは重要です。5分足の上下のヒゲは、1分足の逆行した部分になるのです。

　1分足だけ見ていると、陽線が出たときに反転すると思ってしまいますが、5分足だとヒゲの部分を形成しています。大事なことは、5分足で陰線をイメージしたら、1分足の5本のうち何本かは陽線になる可能性を考えておくことです。そうすれば右往左往しなくなるでしょう。

　また、突発的なニュースが流れて、突然相場が動き出すときも、上記と同じようなスキャルピングを心がけてください。突発的なニュースの場合、前触れもなくいきなり乱高下します。最初は何が起きたかわからないので焦ってしまうかと思いますが、数分経過するとニュース配信が流れてきて、それを確認することで値動きの理由を考えることができます。FX業者のヘッドラインニュースは、常に画面に出しておくのがおすすめです。ニュースもこまめにチェックするようにしましょう。

11

負けないための
エントリーとイグジット

イグジットは数字で決めずにアバウトにとらえる

　次に、「利幅」と「損切り幅」の基準を考えていきましょう。スキャルピングでは「○○pips」という数字で決めがちです。しかし、「いつも○○pipsで利益確定する、損切りする」という決め方はおすすめしません。理由は、pipsで決めてしまうと、相場に合わせたスキャルピングができなくなるからです。

　経済指標時のようなボラティリティが高いときと、狭いレンジで膠着した相場では、値幅がまったく異なります。相場の値幅が違うのに、利幅や損切り幅がいつも同じ数字だと、うまく機能する相場とそうでない場面が出てしまいます。スキャルピングは、おおよそ数秒から数分、長くても10分前後と、ポジションのホールド時間も毎回異なる場合が多いです。ですから、数字では決めにくいのです（pipsでイグジットする方法はChapter 5 で説明します）。

　pipsではなく、ローソク足の本数で考えるとわかりやすいです。1分足なら、そのローソク足が確定するまでに1分ですから、数pipsの変動です。ローソク足2 ～ 3本を予測するなら、数pipsから、ときには数十pips変動することがあるかもしれません。**予測した本数、たとえば、**

１本確定するまでホールドするとして、その間に変動した値幅が利幅になります。２本のローソク足を予測したなら、２分間ホールドし、その間に動いた値幅を利益確定できます。それが１pipsのときもあれば、５pipsのときもあるでしょう。利幅は数字で決めるのではなく、ローソク足の長さで自動的に決まるということです。

　逆に、損切りは、イメージと異なったらすぐに行なうことを推奨します。ローソク足の確定を待たず、逆行したら損切りするイメージです。そのため、損切り幅はいつも数pipsになるのが理想です。ときには10pips前後の損切りがあるかもしれませんが、そのときは、同じくらいの利幅を狙ったスキャルピングをやるべきです。利幅より損切り幅が大きくならないようにしましょう。スキャルピングの大敵はスプレッドなので、損小利大を目指さないと勝てません。

　５分足なら、ローソク足の確定を１本待つと５分間です。数pips ～10pipsの利幅になるでしょう。３本のイメージを持つことができれば、15分くらいはホールドするかもしれません。その場合は、10pips以上の利幅が狙えますね。相場により１分足を予測してもいいですし、10分後を予測してもいいでしょう。それはその日の相場を見て、その場で決めましょう。逆に、イメージどおりにならなければ、損切りをするだけです。このように、スキャルピングはイグジットが少しアバウトになります。

ローソク足の本数でイグジットする方法

　図2-27を見てください。図2-26（80ページ）と同じユーロ／米ドル５分足です。

図2-27　5分足から1分足をイメージする

5分足を1分足で見る

　5分足で陰線をイメージするとき、1分足では5本分になります。5分足でトレードするなら、5分以内の変動は気にせず、陰線ができるまで待ちます。利幅はローソク足の長さ次第です。

　また、5分足で陰線をイメージし、より細かい1分足でトレードしてもいいでしょう。その場合は5分足が形成される5本のローソク足をイメージし、1回から数回のスキャルピングをします。1回のトレードの利幅は短くなりますが、ポジションのホールド中の変動が極めて少なくなります。

　このどちらか好きな方法を基準とし、スキャルピングをしましょう。このようなイメージをしながら、この先も読み進めてください。なお、ポジションのホールド時間については、Chapter 5 で具体的な方法を説明します。

12

値動きはN波動を
イメージする

チャートの形成は「Nの字」を描く

　トレンドが発生すると、ローソク足は高値と安値を切り上げ（切り下げ）ます。これまで見てきたチャートのように、決してランダムに切り上げや切り下げが行なわれているのではなく、ある程度の規則性があります（切り上げ／切り下げについては後述）。

　高値や安値にフォーカスすることでネックラインが引けました。そして全体を見てみると、チャートはN字を描いていきます。

　図2-28はユーロ／円の15分足です。Aを見てください。ネックラインを上にブレイクし、上昇トレンドが発生しました。陽線が連続し、一方向へ上げています。15分足だと急騰しているように見えます。では、Aの箇所を1分足で見てみましょう（図2-29）。

　15分足では一本調子で上げていましたが、1分足では押し目をつけながら、上下動を繰り返しています。その結果、上昇トレンドになっています。上下動を直線でつなぐと「Nの字」が見えてきます。**このプロセスを「N波動」といい、チャートを形成する値動きの基本です。**

　直線をつなぐとき、直近の高値と安値を結んでいる点に注目してください。適当に上下動するのではなく、しっかりと高値と安値を作っています。だからネックラインを引くことができるのです。未来のローソク

図2-28　15分足だとトレンドは急騰しているように見える

一方向に上昇

A

図2-29　1分足だとN字を描きながら上昇している

上げ下げを繰り返しながら上昇していく

ブレイクして上昇トレンド

足をイメージするとき、このN波動を考えるとイメージしやすくなるので、取り入れてみてください。

N波動がイメージできれば逆行しても困惑しない

　図2-30はポンド／米ドルの５分足です。Aのポイントでは、１分足ではどんなN波動が出るか考えてみましょう。

図2-30　５分足の下落を１分足でイメージする

　図2-31が１分足です。下落して安値を更新したら、そのまま下げ続けることはなく、必ず戻りをつけます。そして、さらに安値を更新していきます。これがNの字になっています。

　５分足と１分足は似ているように見えます。「どっちもN波動で何が違うの？」と感じるかもしれません。しかし、実戦では５分足と１分足では、チャートを形成するスピードがまるで異なります。当然ですが、５分足が１本出来上がるまでに、１分足は５本のローソク足を要します。チャートが進んでいく時間は５倍も異なるわけです。そのため、上記のようにチャートの形は似ていても、形成している最中は違う値動きのように感じるので、注意してください。

　５分足は下落して陰線を形成中でも、１分足では上昇して陽線が連続

図2-31　1分足ではきれいなN波動になっている

戻りをつけながら
下降するイメージ

しているかもしれません。そうすると、5分足と1分足の流れが逆に感じるので困惑するかもしれません。1分足で上昇したとき、「これは一時的な上昇で、戻り売りのチャンスだ」と認識できるようになりましょう。そんなとき、N波動がイメージできていれば、一時的な戻りは相場の仕組みであるとわかるので、困惑せずにチャンスをとらえることができるのです。1分足と5分足の両方のイメージができれば、より自信を持ってトレードできるはずです。

13

俯瞰的に相場を
判断する練習

必ず上位足のローソク足を確認してからトレードする

　図2-32は、豪ドル／米ドルの４時間足です。Aで高値をブレイクし、上昇トレンドが発生しました。トレンドラインでは安値を切り上げているのがわかります。

図2-32　高値を切り上げている４時間足チャート

今、Bのポイントでトレードを開始しようとしたら、どんなスキャルピングができそうか、考えてみましょう。

Bの箇所を5分足にしたのが、図2-33です。どのような戦略が立てられそうですか？

▍図2-33　スキャルピングできそうなポイントを5分足で見る

まず、どこに着目すればいいのかを考えてください。**いきなりエントリーポイントを探すのではなく、流れを把握し、それから戦略を立てるようにします。**次ページの図2-34で、高値と安値にネックラインを引きました。

図2-34　高値と安値にネックラインを引く

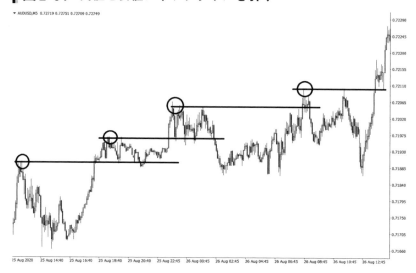

高値と安値を確実に切り上げていることがわかります。こうしたネックラインを引くだけで、トレードしやすくなりませんか？　**このような「反転する」「ブレイクする」ポイントでスキャルピングをするようにすると、ルールを作りやすくなります。**

前提として、上位足の流れを把握していることです。5分足でネックラインが引けたとしても、大局が上なのか下なのかわからなければ、5分足がどちらに向かおうとしているのか、イメージすることができません。4時間足が上昇トレンドの最中だからこそ、5分足の高値と安値の切り上げがイメージできるのです。

ローソク足が陽線と陰線のどちらになるのかを考える

1分足と5分足で、ローソク足が陽線か陰線のどちらになるか、イメージすることの大切さはすでに触れたとおりです。ローソク足は陽線と陰線の2種類です。始値と終値がまったく同じ価格になるローソク同時線はほぼないので、ローソク足は陽線か陰線の2種類であると考えて

ください。

　繰り返しますが、勝率を上げるコツはローソク足が陽線か陰線か、ど
ちらになるかを考えることです。そして、短い時間軸だけでなく、もう
少し長い時間軸で考えることも重要です。日足のような長い時間軸だ
と、チャートの形成が遅く、普段はあまり見る気がしないかもしれませ
ん。また、今スキャルピングをするなら、やはり1分足や5分足が重要
なので、日足は見ても意味がないと思いますよね。実は、日足のローソ
ク足を考えることが、その日のスキャルピングにつながります。

　図2-35は、豪ドル／米ドルの日足です。矢印のローソク足は陰線で
す。この陰線の前では、陽線が9本連続しています。9本もの陽線のあ
とに陰線が出たので、下落するイメージがわきやすいのではないでしょ
うか。ここではあとづけで長い陰線だとわかりますが、実戦では、陰線
ができはじめたときはまだ短い陰線です。今日からトレードするわけで
すから、日足はまだ確定していません。

図2-35　上位足の日足で大局を把握する

陽線が連続したあと、
上ヒゲが出て陰線

日足で陰線がイメージできたら、次は４時間足を見てみましょう。図2-36です。

図2-36　日足を４時間足で見る

　４時間足だと、１日で形成するローソク足は６本です。日足が陰線になるなら、６本の４時間足は高値と安値を必ず切り下げてきます。また、陽線よりも陰線のほうが多くなります。もしくは、陽線のほうが多かったとしたら、非常に長い陰線が１本以上あるはずで、それをイメージします。

　図2-37を見てください。同じ４時間足チャートですが、矢印の箇所で今からスキャルピングをすると想定してみます。陰線をイメージしてからトレード開始です。

図2-37　4時間足の陰線でスキャルピングをする想定

この陰線をイメージしてみる

図2-38が4時間足の矢印箇所の5分足です。

図2-38　4時間足を5分足で見てみる

4時間足だと

4時間足だと1本の陰線ですが、5分足だと48本ものローソク足です。いきなり5分足を見ても、どうスキャルピングをしていいかわかりませんよね。しかし、**少なくとも4時間足や日足で陰線のイメージがあれば、5分足では陰線が陽線より多くなるか、長い陰線が何本も出現するとわかります。**実際、長い陰線が数本あります。どれも、安値を更新するときに長くなっています。スキャルピングをするとき、戦略はロングかショートのどちらかです。確率的にどちらが高いかは、もうおわかりですね。順張りのショートです。また、長い陰線が出たら少し反発しているので、逆張りのロングも可能です。しかし、ここでは逆張りだけするよりも、**4時間足と日足で陰線をイメージしているので、5分足でも順張りを基本とする戦略がいいでしょう。**順張りしながら、反発しそうなポイントでは逆張りもするスキャルピングが理想的です。

　このように、上位足のイメージをすることが、確度の高いトレードにつながります。

┃ローソク足の切り上げ方と切り下げ方を見る

　ここまでは、上位足を見てから、下位足の1分足や5分足を見るという流れで説明をしてきました。今度は逆に、1分足を見てから上位足のチャートをイメージする、といった練習をしてみましょう。

　1分足で高値や安値を切り上げている、もしくは切り下げている、上位足のローソク足でヒゲになる、などの重要なポイントです。図2-39は、ユーロ／円の1分足です。下降トレンドが出ています。

図2-39　下降トレンドが出ている1分足の高値切り下げを見る

　AからGまで、高値を切り下げていますね。3時間続いた下降トレンドです。トレンドは、ランダムに動いているように見えて、下げるポイントはおおよそ決まっています。直近の高値を上に抜けることはありません。戻りをつけると、他の投資家が売り注文を出すので、高値を超えられないからです。

　今度は、安値側も見てみましょう。次ページの図2-40も同じ1分足です。

トレンド発生時は
必ず安値を切り下げる

　AからGまで、安値を切り下げています。下降トレンドとはいえ、安値を更新してもそのまま下げ続けることはなく、反発して戻りをつけてから、下降トレンドに回帰していきます。高値と安値ができることを理解しておくと、どこでスキャルピングをしていいかわかるようになってきます。

　では、この下降トレンドを15分足で見てみましょう。図2-41です。図2-40の1分足のAからGは、下降トレンドで40pipsの値幅です。15分足だと、どのような環境でしょうか？

図2-41　1分足のトレンドを15分足で見る

Aの箇所が、1分足の下降トレンドでした。陰線が連続しています
ね。1分足で高値と安値の切り下げ方をもう一度見てください。一度も
高値と安値を切り上げることなく、きれいに下落しましたが、このよう
な1分足の下げ方が、15分足だと陰線の連続になります。つまり、**1
分足でどんな動きがあろうと、15分後には必ず価格を下げていた、と
いうことです。**短期トレンドは、15分足だと連続した陽線や陰線にな
ることが多いです。15分の間に、1分足がこのような動きをするとい
うことを頭に入れておきましょう。

また、15分足のAは、長い下降トレンドの最中でした。これを把握し
たうえで1分足を見ていれば、戻りをつけたときにショートする戦略が
取りやすくなります。15分足という上位足と、1分足という下位足を
組み合わせることで、スキャルピングがしやすくなります。

ちなみに、Bのレンジ相場は、1分足ではどのような動きになるで
しょうか？　次ページの図2-42で1分足を見てみましょう。

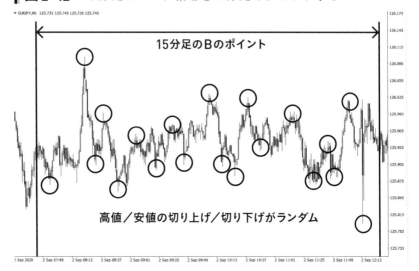

図2-42 15分足のレンジ相場を1分足でチェックする

> ▼ EURJPY,M1 125.731 125.745 125.720 125.740

15分足のBのポイント

高値／安値の切り上げ／切り下げがランダム

　丸印の高値と安値に注目してください。切り上げ方、切り下げ方がランダムで、まるで規則性がありません。レンジなので、結果的にランダムになっているのは当然かもしれません。重要なことは、トレンドでもレンジでも、スキャルピングをやって勝てればいいわけです。

　どちらがスキャルピングしやすいかというと、トレンド相場です。**上図のようなレンジだと、規則性がないため、ネックラインを引くこともできません。**そのため、ルール化してスキャルピングをするのは難しいでしょう。もちろん、レンジを予測して上限で売り、下限で買いのトレードをすれば勝てるので、スキャルピングが不可能ということではありません。**「ルール化できる相場かどうか」というのが大事です。このレンジでルール化するのは難しそうだと私は判断します。**陽線か陰線のどちらになるかイメージし、ローソク足の切り上げと切り下げを考えると、根拠のあるスキャルピングができるようになります。

　別の相場を見てみましょう。図2-43は、豪ドル／円の1時間足です。Aでネックラインを下抜けして長い陰線が発生しました。この1時

間足で40pips下落しました。では、1分足ではどんな値動きになったか、イメージしてみてください。1分足だと、60本のローソク足で40pipsの下落ということです。

図2-43　1時間足でネックラインを下抜けして長い陰線が発生

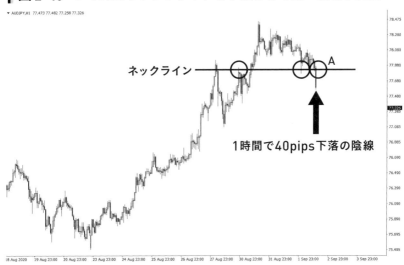

ネックライン

A

1時間で40pips下落の陰線

図2-44 1時間足の陰線を1分足でイメージする

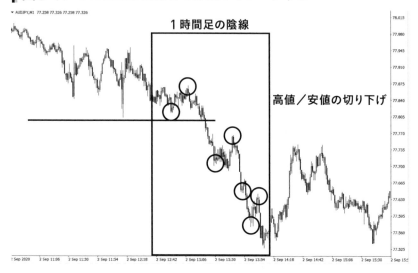

上の図2-44が1分足です。1時間足が陰線なので、1分足は下降ト
レンドです。ここで、**高値と安値の切り下げがイメージできていれば問
題ないでしょう**。また、陽線よりも陰線のほうが多く、ときおり長い陰
線が出現することも忘れないでください。そして、図2-45のように、
高値と安値の切り下げが、最終的にN波動になります。

　このように、トレードを開始したら、まず日足を見るなどして、その
日の流れをチェックします。上昇トレンドなら陽線に、下降トレンドな
ら陰線になるので、4時間足から1分足で細かくイメージをしていきま
す。イメージができたら、ルールに基づいて1分足や5分足でタイミン
グを測り、スキャルピングをしていきます。

図2-45 高値と安値の切り下げがN波動

AUDJPY,M1 77.258 77.326 77.258 77.326

高値と安値の切り下げが
N波動になる

チャート画像の残し方

　ここまで相場の基礎を書いてきました。このような知識をどんどんインプットしていくと、トレード中にさまざまな気づきが生まれます。「こうすれば勝てそうだ」「イメージと異なった」など、何でもいいのでスクリーンショットで残しておきましょう。

　たとえば、次ページの図2-46を見てください。上の図2-45と同じ豪ドル／円1分足です。

　ネックラインを下抜けしたあとに、ショートをするという戦略を立てていれば問題ないでしょう。ここでスクリーンショットに書くべき内容は、1時間足のネックラインを引き、どうすればよかったのかです。

　このとき、1時間足のネックラインが重要です。ただ「1時間足ネックライン」と書いただけでは、あとで見返した際にどれだけ重要なラインかどうかがわかりません。重要で節目となるネックラインを下抜けしたからこそ、1時間の短期トレンドが出たわけです。そのため「強い」

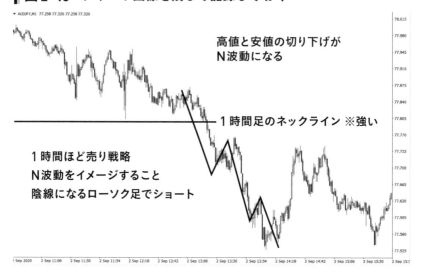

図2-46　チャート画像を残して記録しておく

高値と安値の切り下げが
N波動になる

1時間足のネックライン ※強い

1時間ほど売り戦略
N波動をイメージすること
陰線になるローソク足でショート

ということを書きました。

　トレンドの時間も重要です。1時間も下げているので、数回のスキャルピングではなく、この間は売り戦略で数多くのスキャルピングの機会が発生します。また、N波動のプロセスをイメージし、陰線になるローソク足を探すつもりでチャートに集中していれば、どんな場面で陰線が出やすいのかわかってきます。つまり、どんな箇所でスキャルピングをすれば勝てそうか、わかってきます。ネックラインを下抜けしたあと、戻りをつけて安値更新するとき、長い陰線が出ています。ですから、安値更新するときにショートをすれば期待値は高いとわかります。タイミングは、安値更新するときなのか、それとも戻りをつけたとき、安値更新する前に早めにショートしておいたほうがいいのかなど、考えることができます。

　ポイントを絞って書き込み、どんどん残していきましょう。それが、トレードルールにつながります。

勝利の確度を引き上げる
「ライントレード」

14

4種類のラインを
活用する

ラインを引いてスキャルピングのポイントを探そう

　スキャルピングでは、ラインを活用することがおすすめです。チャート分析で使うラインの種類は水平だけでなく、斜めに引くタイプもあります。どちらも引けるようになると、ラインという武器が2つになるので、驚くほど相場の流れがわかるようになります。そうすると、価格の反転やブレイクするポイントがより細かく分析できるので、ルール化もしやすくなります。次のChapterで説明するインジケーターと組み合わせて活用してください。スキャルピングで使うラインは、次の4つです。

・水平ライン（真横）
・トレンドライン（斜め）
・チャネルライン（斜め）
・カウンターライン（斜め）

　このほか、バーティカルラインといって縦ラインの分析方法もありますが、スキャルピングをするなら上記の4つで十分です。なお、これら4つのラインを総称してネックラインといいます（水平ラインは、サポートラインおよびレジスタンスラインのことです）。

15

「水平ライン」は
一番注目される代表ライン

真横に引く一番シンプルなライン

水平ラインは、サポートラインとレジスタンスラインの2種類ありま
す。相場の進行具合により、サポートにもレジスタンスにもなります。
これまでに見てきたネックラインだと考えてください。

次ページの図3-01は、ポンド／円の5分足です。C付近でこれからト
レードするとします。Aは先週の安値でした。Bは月曜日のマーケット
オープンで窓開けとなりました。この窓開けから、先週の安値に向かっ
て下げていきましたが、C付近でどのようなイメージができるでしょう
か？

このとき大事なのが、Aの安値に水平ラインを引くことです。先週の
安値なので、この価格で反発するか、それとも下へブレイクするかで、
その週の流れが決まります。他の投資家に意識されている価格なので、
確実に水平ラインを引いておきます。

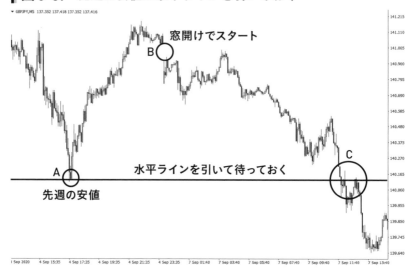

Cの箇所を1分足で見てみましょう（図3-02）。

　水平ラインを1本引くだけで、戦略は簡単に立てられます。**水平ライン付近では反発や反落、ブレイクが起こるため、戦略が立てやすいことが特徴です。**壁に当たると何かしら反応をするからです。ここでは、ラインで反発するなら買い戦略、下抜けするなら売り戦略を取ればいいわけです。

　まず大枠を決めることが大事です。それから、どのポイントで実際にエントリーするかを決めていきます。

ラインを引いて3つの戦略から確率が高い方向へエントリー

　では、具体的にどのような戦略が立てられるか、考えてみましょう。図3-03を見てください。図3-02と同じ1分足です。

図3-03　スキャルピングのポイントを具体的に考える

　Aは先週の安値を下抜けた瞬間です。意識されている価格なので強いサポート帯になります。可能性として大きく下がるかもしれません。スキャルピングをするときは、常に確率で考えるようにしましょう。今こ

の瞬間に、次の3つの戦略が確率的に高いかを考えるのです。

・買い
・売り
・何もしない（様子見）

　Aでは「買い」「売り」「何もしない」のうち、どれが確率的に高そうでしょうか。私なら「売り」です。強いサポートラインを下抜けする瞬間なので、急落する可能性があるからです。結果はどうなるかわかりませんが、可能性が高いポイントに差しかかったので、淡々と売りの注文を出すだけです。たとえ負けたとしても、同じようなポイントで、同じような売り戦略を行ない続ければ、トータルでは利益が上がるでしょう。常に確率的に考えることが大切です。

　今回はAで数分間下落しましたが、急落とまではいきませんでした。Bまで反発したので、1回でストンと落ちなかったという相場です。

　では、C、Dはどうでしょうか。水平ラインをCで上抜けしてから、すぐにDで下抜けしました。ここは少し迷うかもしれません。可能性として、「買い」「売り」「何もしない」の3つのうちどれがいいでしょうか。迷うなら、何もせずに様子見でいいでしょう。無理に「買い」か「売り」かの判断をしなくてもいいのです。結果的には、Dのあと長い陰線が出たので、売りが正解でした。ただ、**迷ったときは様子見が正解なので、確率的には正しい判断ができたと考えましょう。**

　Dのあとの陰線で、1回目のAの直後の安値よりも下へ落ちました。これで下げる確率が上がってきたことがわかります。そこで、EやFは絶好の戻り売りポイントになるでしょう。ここも、確率的に考えます。E、Fで「買い」「売り」「様子見」の3つのうち、どれが確率的に勝てそうでしょうか。AからDまでの流れを考慮すると、「売り」の可能性が高くなります。そのため、売り戦略をすればいいのです。もし、EやFで上抜けしたら、損切りをすればいいだけです。損切りをしたからと

いって、ルールが間違っていることにはなりません。

　戦略の立て方はたくさんあり、絶対的な正解はありません。重要なことは、こうした場面で水平ラインをしっかりと引き、確率の高い行動を取れるかどうかです。ラインに当たったときに、どこでエントリーすれば勝てるのか、イグジットはpipsで決めるべきか、それともローソク足の本数で決めたほうがいいのか……このような場面は毎日のように遭遇するので、しっかり考えます。闇雲にスキャルピングをしないようにしましょう。

　図3-04は、同じ１分足です。新たに水平ラインが引けました。では、Aではどんな戦略を立てますか？

図3-04　新しいネックラインを引いてトレードのポイントを探す

　Aには短いローソク足が４本あります。水平ラインにぶつかったからといって、すぐに反発や下ブレイクしないこともあります。ラインにぴったりくっついて膠着し、しばらく動かない場合もあります。このよ

うなとき、1分足で数秒から数十秒で利益確定するつもりだと、利も乗らず、かといって含み損も増えない状態が数分続きます。早く結果を求めてしまうと、決済してすぐに再エントリーするなど、無駄なトレードをしてしまいかねません。結局はスプレッド分だけマイナスになるので、注意が必要です。

　こういうときは目線を変えてみます。Aの箇所を、1分足ではなく5分足で見てみましょう（図3-05）。

▌図3-05　5分足だと1分足より自然なブレイクに見える

　5分足では自然なブレイクに見えないでしょうか。1分足でポジションのホールド時間を数秒単位で見ていると、もどかしいトレードになるかもしれません。しかし、5分足で陰線をイメージし、5分間はホールドするつもりでエントリーすれば、渦中で膠着した状態が数分あったとしても、5分後を考えているので冷静でいられるはずです。**1分足だと右往左往しそうですが、5分足で陰線をイメージしていれば、メンタルがブレることなく保有できる場面です。**

　1分足も5分足も、同じスキャルピングで戦略も「売り」なので、や

ることは同じです。しかし、ちょっとしたチャートの時間軸の違いや、イグジットまでの時間が変わるだけで、トレードの内容が大きく異なります。「1分足しか見ない」「5分足だけでスキャルピングする」という決めつけをせずに、両方の時間軸を見るようにしましょう。

　ちなみに、Bは絶好の戻り売りポイントです。反落するまでに2本（10分間）あります。1分足と5分足を見比べて、売り目線でスキャルピングをすれば利益が出そうです。AからBまでの間だと、陽線と陰線が混ざっており、ヒゲも上下に出ているので難しそうです。しかし、水平ラインのBまで待てば、スキャルピングでは期待値が高いでしょう。確率が高い場面でトレードするようにするのが大切です。

16

効果的な
「トレンドライン」の
引き方とは？

起点が3つ以上のポイントを探すとトレードしやすい

　斜めに引くトレンドラインによって、より深い分析ができるようになります。トレンドラインは、高値同士、もしくは安値同士を結びます。図3-06のユーロ／円の5分足を見てください。

図3-06　高値同士でトレンドラインが引ける

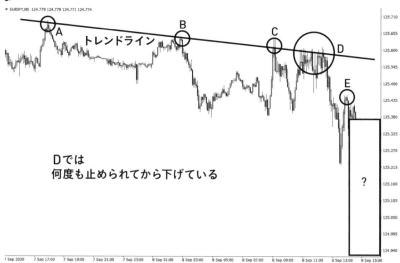

　A、B、C、Dと高値を切り下げています。これまでに、下降トレンドは高値と安値を切り下げるということを述べました。実は、その切り下げている高値同士を結ぶと、1本のラインが引けます。それが、トレンドラインです。トレンドラインは、2つの切り下げている高値があれば引くことができます（上昇トレンドでは2つ以上の切り上げている安値同士を結ぶ）。

　A、Bと高値を切り下げていることに気づいたときに、まず引けます。次に、Cでトレンドラインに当たったとき、起点が3つになります。高値の起点が2つだと、いかようにも引けてしまうので、3つ以上が望ましいでしょう。A、B、Cと3つの起点があるので、次のDでトレンドラインに当たったときに、戦略が立てやすくなります。なぜかというと、他の投資家もこのトレンドラインを意識しているからです。起点が2つよりも3つ、3つよりも4つあるほうが、見ている投資家は増えます。そうすると、上抜けをするか下落していくか、相場の行方がはっきりするようになります。方向性が決まりやすいポイントなので、もし決まればその方向へポジションを持つと、利益を上げやすくなります。いわゆる、Dが相場の分かれ道です。

　Dで20本ほど上値をトライしましたが、すべて失敗しています。トレンドラインを上抜けすることができなかったということです。そして、DとEの間で急落しています。この急落で下方向と決まりました。Eまで上げましたが、これは戻りである可能性が高いです。そこで、Eからどのようなスキャルピングができるか、イメージしてみましょう。E以降を1分足で表示したのが、次ページの図3-07です。

　下降トレンドなので、高値と安値を切り下げ、戻りをつけながらN波動で下落していきました。すでに形成されたチャートを見ていますが、実戦ではEのあとはチャートがありません。イメージできるようにしましょう。Eから下落するイメージが持てていただけでも、スキャルピングで勝てる確率は上がります。

　あとは、どのようなローソク足を形成しながら落ちるか、ということ

です。数回トレードしただけでは決してイメージすることはできません。**同じようなチャートを何度も体験し、3パターンのイメージ（上昇、下落、横ばい）のうち、どの可能性が高いかを考えます。**チャートが形成されたら答え合わせをし、どういう見方をすればよかったのかを復習します。この繰り返しが大切です。本書では、形成されたチャートでしか練習できませんが、少なくとも出来上がったチャートでラインを引くなり、Eのあとにどう推移したかの説明ができるようにしましょう。

▌図3-07　5分足の下降トレンドを1分足でイメージする

　図3-08は、ラインやチャート形成のイメージです。

　ローソク足は陽線と陰線のどちらになりますか？　下降トレンドなので、陰線のほうが多くなります。もしくは、陽線のほうが多くても、長い陰線が何本か出現します。ローソク足の数、ローソク足の長さも意識したほうがいいのは、これまでに述べたとおりです。

図3-08　下落していくプロセスをイメージする

ローソク足が陽線と陰線の
どちらになるか考える

2つのラインが交わるポイントは期待値が高い

　次ページの図3-09は、豪ドル／米ドルの5分足です。トレンドラインと水平ラインを引いて、どのポイントが確率が高いか、戦略を考えてください。最初にトレンドラインを引き、次に水平ラインを引いてみてください。

　トレンドラインを引いたのが、図3-10です。A、Bで高値を切り下げているので、トレンドラインが引けます。起点は2つより3つ、3つより4つのほうが信頼度は高いのは先述したとおりです。そのため、CやDではトレンドラインを上抜けするのか、それとも下降トレンドの勢いが増すのか、ここが注目すべきポイントです。

　結果、Dから下落のスピードが速まり、安値を大きく切り下げました。そして、Eで再度トレンドラインにぶつかっていますが、ここは戻り売りのポイントになる可能性が考えられます。しかし、トレンドラインで必ず反落するのではなく、いつかはトレンドラインも機能しなくなります。Eでは1回上抜けしたかと思ったら、再度トレンドラインの内

■ 図3-10　トレンドラインを引いて反落している箇所を探す

側に入りこんできました。このまま短期トレンドが継続すれば、またトレンドラインにぶつかったときに注意して見ることができますね。

トレンドラインが引けたら、次に水平ライン（ネックライン）を引きます。図3-11を見てください。

図3-11　トレンドラインを引いたチャートに水平ラインを引く

　A、B間の安値が意識され、この価格にきたときには反転やブレイクを繰り返していることがわかります。そのため、水平のネックラインが引けます。注目したいのがEです。ここで、トレンドラインとネックラインがちょうど重なりました。このように、**斜めのトレンドラインと真横の水平ラインが交わるポイントは、相場の分かれ道になる可能性が高いので注目してください**。2つのラインが交わるポイントは、大きな壁になります。ここを上抜けしたら下降トレンドが終了、反落してトレンドに回帰すれば、その方向へポジションを持てばいいだけです。Eは反落したので、あとは下落方向へイメージを持つことができれば問題ないでしょう。

　では、Eよりあとを1分足で見てみます（次ページ図3-12）。

図3-12　２つのラインが交わったポイントを１分足でくわしく見る

　Eのあとはしばらくもみ合っていますが、１分足レベルのネックライ
ンを下抜けしたあとは、下降トレンドに回帰しました。実戦では下げる
イメージを持っていても、どこから下がるのかはわかりません。イメー
ジどおりならポジションを持つ、イメージが持てないなら様子見でかま
いません。

　たとえば、Eからすぐに下落するイメージを持っていたら、しばらく
もみ合ったので、イメージとは異なる動きということになるでしょう。
Eのあと数十分はスキャルピングがしにくいかもしれませんが、ネック
ラインを下抜けしたあとは、N波動で下落していきました。イメージど
おりになったら、積極的にエントリーしていきましょう。

17

「チャネルライン」で
往復トレード

チャネルラインはトレンドラインを２本引く

トレンドラインと同じ角度のラインをローソク足の逆側に引いたものを「アウトライン」といいます。図3-13を見てください。豪ドル／米ドルの５分足チャートです。

図3-13　チャネルラインはトレンドライン＋アウトラインのこと

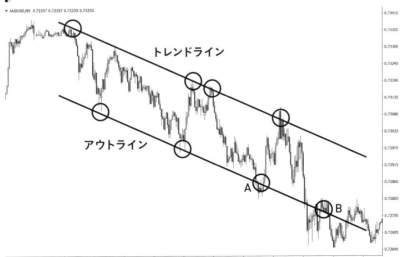

下降トレンドなら、トレンドラインは高値同士を結んだラインになります。起点は高値側です。アウトラインは、そのトレンドラインと同じ角度のラインを安値側に引いたものです。そして、トレンドラインとアウトラインを合わせて「チャネルライン」といいます。

　引き方は、最初に高値側を結んでトレンドラインを引くのがいいでしょう。次に、トレンドラインと同じ角度のラインを安値側に引きます。2本合わせてチャネルラインです。なお、チャネルラインは高値と安値をはさんでいるだけなので、斜めのラインでも、真横でもかまいません。なお、上昇トレンドでは、安値同士を結んでトレンドラインを引いてから、高値側にアウトラインを引きます。

　下降チャネルラインは、高値と安値の切り下げ方が規則的になっているときに引けます。しかしAのように、一度下抜けしても、すぐにアウトラインの上に戻ってきて、チャネルラインの内側に入り込む場合もあります。チャネルラインの上限と下限でぴったり反転すると考えないほうがいいのです。**大事なことは、「おおよそこの値幅で相場が動いている」という認識をすることです。**そして、B以降のように、チャネルラインはいずれ機能しなくなってきます。1分足や5分足なので、機能する時間は少ないです。パソコンの画面に表示されているローソク足だけで引くので、私の画面では1分足チャートなら6時間分くらいでしょうか。5分足ならその5倍の1日半程度です。この時間軸で、高値と安値の規則性をとらえます。

┃チャネルラインが引けるのはN波動が出ているから

　図3-14は、ポンド／米ドルの5分足です。チャネルラインを引いて、どのように推移したのか考えてみましょう。

図 3-14　チャネルラインを引いて相場の流れを考える

少し迷ったのではないでしょうか？　図3-15を見てください。

図 3-15　どこを起点にするかでチャネルラインの角度が変わる

Aから引こうとするとうまく引けません。高値同士を結べば引けるというものではありません。Bあたりで、このチャネルラインに気づくでしょう。それからでも遅くありません。チャネルラインはすぐに引けるものではなく、ある程度相場が進んだあとに引くことができます。トレンドラインと同じように、高値と安値の起点がそれぞれ2つ以上あると引けます。ここでも起点は3つ、4つと多いほうが機能しやすくなります。今回のように、高値だけ結んでいれば引けるようなものではありません。起点により、チャネルラインの角度は変わります。チャネルラインの引き方に正解はないので、何とおりか試してしっくりくるラインを残すといいでしょう。

　なお、チャネルラインが引けると、図3-15のように必ずN波動を認識できます。**逆をいうと、N波動が出ているからこそチャネルラインが引けるということです。N波動とチャネルラインはセットでとらえるといいでしょう。**

18 「カウンターライン」で 波の初動を押さえる

斜めのラインでトレンドに回帰するポイントを見つける

「カウンターライン」は、トレンド方向と逆向きの斜めに引くラインです。カウンターラインで小休止していたトレンドがトレンド回帰するポイントがわかります。図3-16を見てください（豪ドル／円の1分足）。

図3-16　水平ラインだけだと、どちらに進むのかわからない

A、Bではこのあと上昇するか迷うポイント

A、Bが意識されている価格帯なので、ネックラインが引けます。ただし、Aのポイントは上昇トレンドとはいえ、Aを下抜けして下落する可能性がありました。Bも同様に、ネックラインが引けても、Bから下落する可能性があります。そこで、斜めのカウンターラインを引いてみます。図3-17です。

図3-17　斜めのカウンターラインを引く

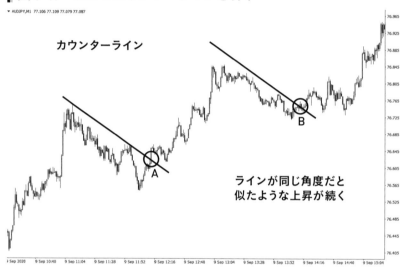

同じ角度で何本も引けると信頼度が高い

　カウンターラインは、トレンドと逆向きのラインなので、今回は上昇トレンドのため、カウンターラインは下向きになります。カウンターラインとはいえ、下降トレンドラインを引くのと同じなので、高値同士を結びます。大きな上昇トレンドのなか、押し目になる場面で小さなカウンターラインを上抜けして、トレンドに回帰するイメージです。

　また、**カウンターラインは同じ角度で2本、3本と引けると、より信頼度が高くなります。**AとBは同じ角度なので、まったく同じように上昇トレンドに回帰したことがわかります。Bにきたときに、水平ライン

だけでなく、カウンターラインも引けると、根拠が強いスキャルピングができます。根拠は1つより2つのほうがいいことは説明したとおりです。水平ラインで反発し、カウンターラインを上抜けするという2つの根拠がBにはあります。あとは、どのように上昇していくかのイメージを持てばいいでしょう。

図3-18　カウンターラインが引けるポイントを探す

図3-18は、米ドル／円の5分足です。カウンターラインを引いて、下落する確率が高いポイントを見つけてください。

まず、トレンドの方向をチェックします。下降トレンドですね。そうすると、カウンターラインは、上向きのトレンドラインになります。次ページの図3-19です。

図 3-19　同じ角度のカウンターラインを引くと流れがわかる

　同じ角度のカウンターラインが 2 本引けました。1 本目のAでは安値同士を結んだので、上昇トレンドラインと同じです。しかし、相場の流れが下向きなので、カウンターになります。Aは 3 つの起点を下抜けしているので、信頼度は高そうです。さらに、Bにきたときに同じ角度のカウンターラインが引けるので、さらに信頼度は高くなります。実際、Bを下抜けしたあとは下落のスピードが上がっています。Aが引けていれば、Bで同じ角度のカウンターラインを引けばいいので、準備することができます。

　Bを下抜けしたら下降トレンドに回帰するイメージを持っていれば、実際に下抜けしてからショートをしていけばいいでしょう。カウンターラインを引くことで、「上昇」「下落」「横ばい」の 3 つのパターンが想定しやすくなるのです。3 つのパターンのうち、下落が一番強いイメージなら、実際にそうなったときにショートエントリーするだけです。逆に、下落するイメージなのに、カウンターラインを下抜けせずに反発するなら、損切りするか様子見をしていればいいです。実戦では、水平ラインと組み合わせて考えてください。

チャート画像の残し方

　このChapterでは、ラインの活用方法についてお伝えしました。ラインは自分で引くものなので、それがどう機能したのか、引いたあとも追いかけていくことが重要です。

　ラインが引けたら、それをスクリーンショットで残しておけば、同じような引き方をすればいいとわかります。コツは図3-20のように、横と斜めの2種類のラインを引くことです。特に、2つが交わるEのようなポイントにフォーカスするといいでしょう。Eのあと、反転かブレイクかを見るだけでよく、進んだ方向へポジションを取っていけばスキャルピングをすることができます。

　ラインは、ぴったり止まることはなくダマシがあるので、エントリータイミングをどうすればいいか、Chapter 2や後述するテクニカル的な知識を組み合わせて考えていきましょう。

図3-20　横と斜めのラインを引いてトレードポイントを探す

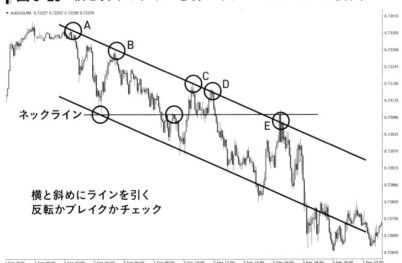

Chapter

4

無駄のないエントリーを
実現する
「インジケーター＋テクニカル」

19

分析の手助けとなる武器を身につける

インジケーターは相場の状況がひと目でわかる優れもの

　これまではローソク足の情報だけでスキャルピングのトレードポイントを探しました。チャートは、似たような形はありますが、まったく同じになることはありません。上位足と下位足の環境を考えると、過去と同じ相場になることはないものだとわかると思います。そのため、ローソク足を分析することは、毎日新しい作業になります。高値と安値は毎日変わるため、ラインを引くにしても、前日とは必ず異なる環境になります。これを毎日行なうと、分析力はかなり身につくはずです。Chapter 3 までに説明したことは、ぜひ実践してください。

　そして、あなたの分析の手助けをしてくれるのが、インジケーターです。インジケーターを使うと、相場の状況がひと目でわかるため、見落としや勘違いを防いでくれます。これまで見てきたローソク足やラインを使ったチャート分析に加え、インジケーターを使いこなせるようになると、スキャルピングではより勝てるようになるでしょう。**インジケーターという強い武器を身につけることで、手ごわい相場でもうまく利益を上げることができるようになります。**
　なお、インジケーターにはメジャーなもの、マイナーなものと数多く

の種類がありますが、最初はメジャーなものを使うことをおすすめします。インジケーターはメリットとデメリットの癖が強く、いきなりマイナーなものを使っても、うまく使いこなせない確率が高いからです。

　ここでは、次の5つのメジャーなインジケーターを使って、スキャルピングのルールになるポイントを探していきます。

・移動平均線（Moving Average）
・ボリンジャーバンド（Bollinger Bands）
・エンベロープ（Envelope）
・RSI（Relative Strength Index）
・MACD（Move Add Change Delete）

　これら5つはインジケーター界の代表選手です。ある程度の見方ができるようになれば、他のインジケーターも同様に使えるはずです。まず、ルール化するために、どんな使い方がいいか覚えていきましょう。

20

「移動平均線」で 波の方向性を把握する

移動平均線がきれいに並ぶ状態が「パーフェクトオーダー」

　移動平均線とは、ローソク足の終値の平均を、チャート上に線で表示したものです（MT4での設定の方法は図4-01参照）。図4-02はユーロ／円の5分足に、4本の移動平均線を出しました。それぞれの任意に設定した期間は、次のとおりです。

・15（15MA ＝15移動平均線）
・25（25MA）
・50（50MA）
・75（75MA）

　Aのポイントを見てください。移動平均線は、上から15、25、50、75です。15MAはローソク足の過去15本分の終値の平均、75MAならローソク足の過去75本分の終値の平均ということです。

図4-01 移動平均線のパラメーター設定

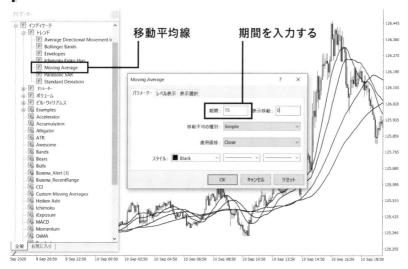

移動平均線

期間を入力する

図4-02 パーフェクトオーダーは移動平均線が順番に並ぶ

A

15
25
50
75

　移動平均線のおすすめの使い方は、パーフェクトオーダーに注目することです。**パーフェクトオーダーとは、トレンドが発生したときに見ら**

れる移動平均線の順番がきれいに並ぶことです。Aは上から次の順番に
なっています。

① ローソク足
② 15MA
③ 25MA
④ 50MA
⑤ 75MA

　まずローソク足が先行し、移動平均線は数字の順番になっています。
小さい期間の移動平均線ほど、価格変動に敏感に反応します。15MAよ
りも25MAのほうが遅く、25MAよりも50MAのほうが動きは遅くなり
ます。そのため、トレンドが出るとAのようにきれいな並び順になりま
す。上昇トレンドでは移動平均線のすべてが上向きになります。**この
パーフェクトオーダーが出たときは、押し目買いの順張りが有効です。**
　なお、上から「75MA→50MA→25MA→15MA→ローソク足」とい
う逆の順に並んだときは、下降トレンドの発生となり、戻り売りの順張
りが有効になります。

　トレンドが発生したかどうかはローソク足だけを見ても判断しにくい
のですが、移動平均線を見ると一目瞭然です。5分足でパーフェクト
オーダーが出たときに、1分足ではどんな値動きになるかを見てみま
しょう。図4-03は図4-02のAの箇所を1分足にしたチャートです。

図4-03　5分足のパーフェクトオーダーを1分足でくわしく見る

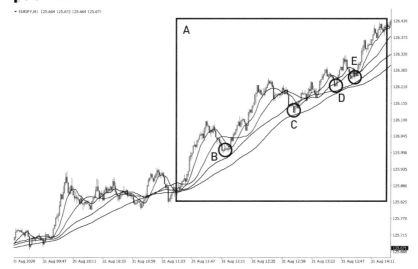

　5分足では押し目もなく上げていましたが、1分足を見ると押し目が
あります。移動平均線も一時的にパーフェクトオーダーが解消され、
ローソク足が50MAや75MAまで落ちているのがB、C、D、Eです。こ
のように、**5分足がパーフェクトオーダーのまま、1分足が移動平均線
の間にはさまるように落ちてくると、押し目になる可能性が高いです。**

　そこで、順張りエントリーが有効です。5分足で上目線のまま、1分
足で押し目を狙ってタイミングを測るイメージです。たとえばBでは、
ローソク足が25MAと50MAに挟まれましたが、押し目となって移動平
均線を上に抜けました。パーフェクトオーダーに回帰すると、そのまま
高値を更新し、何本も高値を切り上げていきました。15MAは、Bでは
下向きですが、再度上向きになっています。ローソク足と移動平均線、
どちらでも上昇トレンドの回帰を認識できます。このようなとき、高値
を更新するイメージで買いエントリーをし、仮に30秒で利益を確定し
ます。そうすると、Cまでに数十回とスキャルピングができるため、コ
ツコツと利益を積み重ねることができます。途中で陰線があるので負け
もあるでしょうが、トータルで利益が出る確率は高いのではないでしょ

うか。

C、D、Eも同じです。押し目となって一時的に下落しても、再度パーフェクトオーダーに回帰しているので、順張りの買い戦略でいいのです。数十回トレードをしなくても、数分間ホールドして5pipsから10pipsの利益を狙ってもいいでしょう。

パーフェクトオーダーが出たら押し目買いと戻り売り

図4-04は豪ドル／円の5分足です。パーフェクトオーダーであるAの箇所を1分足でイメージし、どんなトレードができるかを考えてみましょう。

図4-04　パーフェクトオーダーの値動きを考える

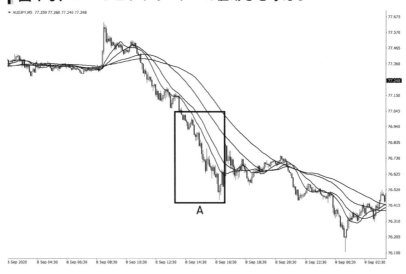

図4-05は、Aを1分足にしたチャートです。

図4-05　1分足ではパーフェクトオーダーになると戻りが発生する

　上昇トレンドと逆に考えればいいですね。一時的な上昇があり、パーフェクトオーダーが解消されたとしても、それが戻りのポイントになって下降トレンドに回帰していくイメージを持つことができればいいでしょう。丸の箇所ではローソク足が移動平均線に挟まれますが、そこから下降トレンドに回帰して安値を更新しています。これも、5分足が下降トレンドと認識できているからこそ、1分足で戻り売り戦略ができるわけです。1分足だけ見ていたら、戻り売りのポイントだと認識するのは難しいでしょう。

　一時的に上昇すると「これで下降トレンドは終わりかな？」という気がして、売り戦略に自信が持てなくなります。**5分足と1分足で、移動平均線という同じインジケーターを使うからこそ、簡単に相場環境が認識できるのです。**視覚的にわかりやすいのが、インジケーターの特徴です。うまく活用しましょう。

21

「ボリンジャーバンド」で
トレンドの流れを可視化する

バンドが広がりはじめたら順張りで使う

　ボリンジャーバンドは、移動平均線を中心に、上下にバンドを表示させるインジケーターです（設定は図4-06参照）。図4-07は、ポンド／米ドルの５分足です。

図 4-06　ボリンジャーバンドの設定方法

図4-07　ボリンジャーバンドを表示したチャート

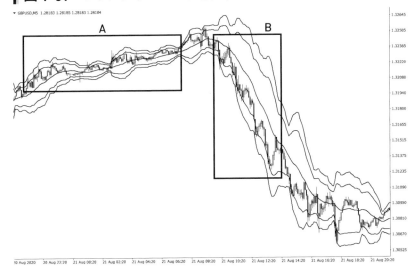

　前項では、「ローソク足と移動平均線」でした。ボリンジャーバンド
は移動平均線を含むため、今回は「ローソク足と移動平均線とバンド」
の３つになります。移動平均線をはさんで上下に帯状のバンドがありま
すね。設定は、１シグマ（偏差１）、２シグマ（偏差２）、３シグマ（偏
差３）を表示するのが通常です。ここでは、２シグマと３シグマを表示
しています。

　使い方は、「レンジ相場の逆張り」「トレンド発生時の順張り」です。
レンジ相場の場合、Aのように一定のバンド内でローソク足が上下動し
ます。バンドの上限と下限を行ったり来たりしていますね。上限にきた
ら売り、下限にきたら買いというように、逆張りの戦略が可能です。し
かし、どこで反転するかを見極めるのはボリンジャーバンドだけでは難
しく、トレンドが発生したときに連敗しかねないので、かなり神経をす
り減らします。

　一方、Bのようにトレンドが出ると、バンドが広がります。最初はB
のようなトレンド時に使ってみるのがおすすめです。レンジとは違っ

て、トレンドが発生したことが視覚的にわかるからです。

　そして、５分足だけ見るよりも、１分足と併用すると、確度の高いスキャルピングができます。図4-08は、Ｂの下降トレンドを１分足にしたチャートです。どのようなポイントでスキャルピングができるか、見てみましょう。

図4-08　５分足でトレンドが発生した箇所を１分足で見る

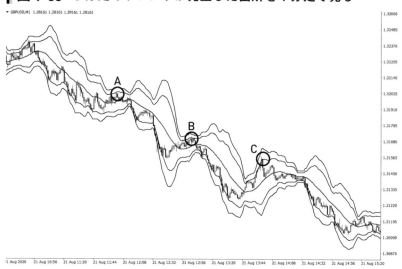

　下降トレンドなので、高値と安値を切り下げていきます。Ａ、Ｂ、Ｃでは、ボリンジャーバンド（２シグマ）の上限まで戻っているので、トレンドが終了すると思うかもしれません。しかし、下降トレンドには必ず「戻り」があります。５分足で下降トレンドが発生しているので、Ａ、Ｂ、Ｃは戻りの可能性を想定できます。

　たとえば、ボリンジャーバンドの上限に最初にタッチしたＡのあと、安値を更新していきそうならＡは戻りになります。そのあとしばらくは安値を更新する、つまり陰線が多く出るイメージができます。ＢやＣも同様です。ボリンジャーバンドの上限まで上昇していますが、下降トレンドの最中なので、戻りが想定できます。Ｂ、Ｃで売るのもいいです

し、ネックラインや他の根拠を探し、２つ以上の根拠が重なるポイント
で売り戦略を取るのもいいでしょう。この戦略は、**１分足や５分足単体
よりも、２つの時間軸をボリンジャーバンドという同じインジケーター
で見ているからわかることです。**

　このように、ボリンジャーバンドは、最初は戻り売りや押し目買いか
らやってみるのがおすすめです。５分足は、トレンドが発生してバンド
が広がりました。１分足では５分足のようにバンドは広がりませんが、
戻りがあると上限にタッチしました。バンドの広がり方が違うので、組
み合わせて使うといいでしょう。

ネックラインとバンドの広がりで予測する

　図4-09は、ユーロ／米ドルの５分足です。Aの手前でネックラインを
下にブレイクしたあと、戻ってから反落し、長い陰線が出ました。Aで
はどのような値動きがイメージできますか？

図4-09　ボリンジャーバンドとネックラインで相場を予測する

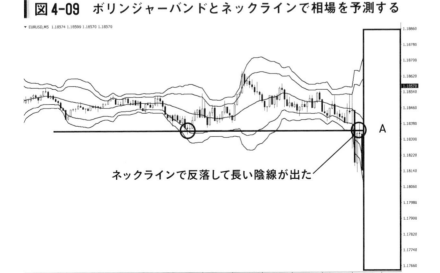

ネックラインで反落して長い陰線が出た

Aの直前でネックラインを下抜けしたとき、ボリンジャーバンドが急激に広くなっています。下降トレンドのイメージができればいいでしょう。バンドの広がりだけでなく、ネックラインを下抜けしたのと、ローソク足も陰線が出ているので、根拠は2つ以上あります。実際には、図4-10のAになりました。

▎図4-10　バンドの広がりはトレンド発生のサイン

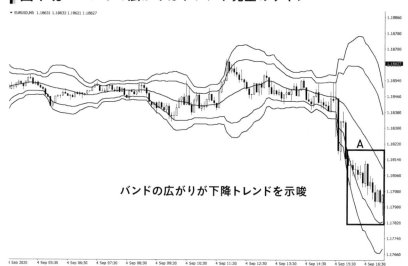

　バンドが広がり、高値と安値を切り下げていますね。5分足でスキャルピングをするなら、このようなイメージができればいいでしょう。ローソク足のすべてを完璧に予測するのは無理なので、まずは3つのパターン（上がる、下がる、横ばい）をイメージし、確率が高いものを選びます。

　では、1分足だとAではどんなスキャルピングができそうでしょうか。イメージしてください。図4-11が、Aを1分足で見たチャートです。

図4-11　ネックラインと１分足のボリンジャーバンドで予測

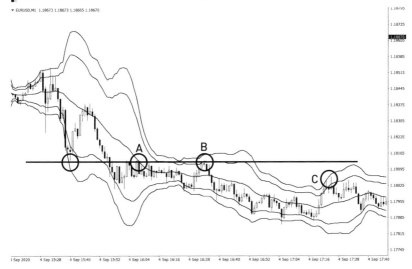

　５分足ではバンドが急拡大しましたが、１分足では、やはり一定のバンド幅で下落しています。また、Aでは移動平均線まで、B、Cではバンドの上限まで戻していますね（Bは２シグマ、Cは３シグマ）。５分足と１分足、そしてネックラインを組み合わせ、売り戦略の順張りスキャルピングができます。

22

「エンベロープ」で
逆張りスキャルピング

移動平均線との乖離が測りやすい

エンベロープはボリンジャーバンドとよく似ていますが、唯一違う点は、トレンドが発生しても「移動平均線とバンドの乖離幅が常に同じ」である点です（設定は図4-12参照）。図4-13は、豪ドル／円の1分足です。

図4-12 エンベロープのパラメーターを設定

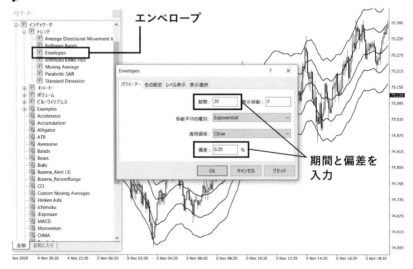

図4-13　エンベロープを偏差0.1と0.2で表示したチャート

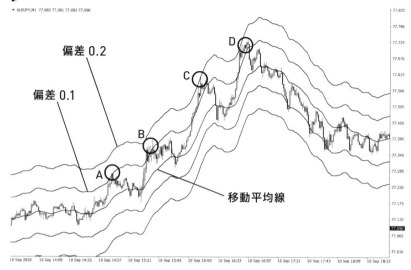

エンベロープを2つ設定しました。移動平均線を挟んで、上下にバンドがあります。エンベロープの設定は「偏差」というもので、移動平均線との乖離幅のことです。「0.1」「0.2」で設定しました。「移動平均線と離れた場所で、移動平均線と同じ動きをする」と考えてください。エンベロープは一般的なパラメーターがなく、目安となる数値がありません。ここでは私が逆張りで使っている設定（偏差0.1と0.2）で実践します。

A、B、C、Dを見てください。偏差0.1や0.2にタッチすると反落しています。エンベロープはこのような逆張りで活用できます。ボリンジャーバンドだと、レンジのときはバンドが収縮し、トレンドが発生するとバンドは拡大します。つまり、移動平均線との距離が縮まったり広がったりします。しかし、エンベロープは、レンジとトレンドのどちらでも、移動平均線とバンドの距離が同じです。そのため、「移動平均線との乖離幅が測りやすい」のです。そうすると、上昇トレンドと下降トレンドのどちらでも、押し目や戻りをつけるときの反転するポイント（A、B、C、Dの箇所）を見つけることができます。

そして、エンベロープだけでなく、他のテクニカル分析と組み合わせ
るとより確度が高くなるのは、これまでお伝えした分析方法と同じで
す。図4-14を見てください。ポンド／円の１分足です。

▌図 4-14　ネックラインとエンベロープの根拠が重なるポイント

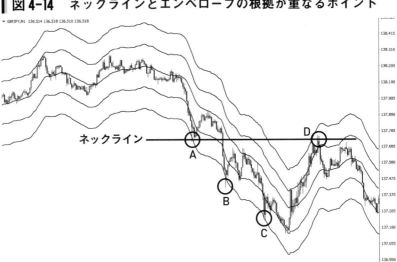

▌エンベロープ＋ネックライン、２つの根拠で確度を上げる

　A、B、Cでそれぞれバンドにタッチしているので、逆張りの買いが有
効です。ただ、エンベロープという１つの根拠で判断するだけでは、自
信が持てません。こんなとき、Dのようにネックラインとエンベロープ
のバンドタッチという２つの根拠があると、確率的に反落する可能性が
高くなります。私は、スキャルピングではエンベロープを使いますが、
エンベロープだけで判断するのではなく、いつもネックラインを引くよ
うにしています。１分足と５分足に毎日ラインを引き、２つの根拠が重
なる期待値が高いポイントでスキャルピングをするようにしています。

　ただし、ボリンジャーバンドやエンベロープを表示していると、移動
平均線やローソク足の情報の読み取りを忘れてしまうので、注意が必要

です。視覚的に便利なので、ローソク足の陽線や陰線のイメージをすることなく、「**バンドにタッチするか**」**だけを観察してしまうと、高値や安値の切り上げ、切り下げや、チャネルラインやカウンターラインなどのラインを引く作業も怠ってしまうので、注意してください**。本来、エンベロープがなくても、ラインは引きますよね。ボリンジャーバンドやエンベロープを出した途端に、ラインを引かなくなったり、ローソク足の情報を読み取ろうとしなくなったりするのは、本末転倒です。インジケーターは、あくまでもローソク足から陽線か陰線か読み取る手助けをするだけです。インジケーターがトレードの中心にならないようにしてください。

エンベロープとテクニカル分析を組み合わせる

　本来のローソク足の読み取り方と、エンベロープを組み合わせて見てみましょう。図4-15は、先ほどのポンド／円1分足チャートのCの箇所を拡大したものです。

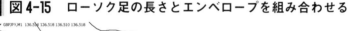

図 4-15　ローソク足の長さとエンベロープを組み合わせる

矢印のAで、長い陰線が出ました。また、エンベロープにタッチしているので、根拠が2つそろっています。下降トレンドですが、一時的に反発しています。長い陰線より前のローソク足を見ると、じりじりと下げてきているものの、ローソク足は長くありません。そんななかで長い陰線が出ると、一時的に戻りをつけることが多くあります。陰線の長さだけ、エンベロープのタッチだけを根拠にするのではなく、両方の条件がそろったことで、反発する確率が高くなります。

　ただし、すべてそうなるわけではありません。Bでは、反発したローソク足（下ヒゲのローソク足）は、特に長い陰線ではありません。2本前の陰線のほうが長いです。たしかに、エンベロープにタッチしているので反発する可能性がありましたが、ローソク足の長さはBの場面では関係ありません。あくまでも逆張りはトレンドに逆らっているという感覚を持ち、いくつもの根拠がそろったときだけエントリーするようにしましょう。Bのような場面で含み損を抱えたら、すぐに損切りをすればいいだけです。スキャルピングは、利益確定と損切りは、交互にやってきます。すべて勝とうとしないことが重要です。

　図4-16は、ポンド／円の1分足です。Aの手前で長い陰線が出ています。Aではどのようなスキャルピングができるか、イメージしてください。

図4-16　下落している相場でスキャルピングをイメージする

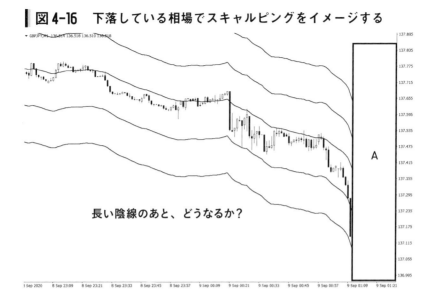

長い陰線のあと、どうなるか？

A

さらに下げるパターンや、反発するパターンはイメージできましたか？　実際には図4-17のようになりました。

図4-17　反発の仕方はひととおりではない

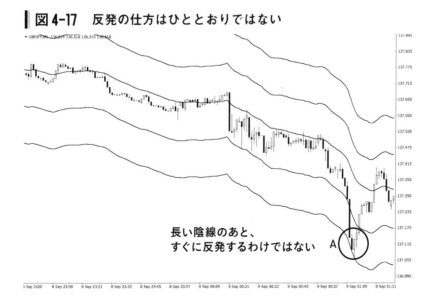

長い陰線のあと、
すぐに反発するわけではない

A

長い陰線が出たあとに続けて短い陰線が出てから、エンベロープのバンドにタッチして、急反発しました。陰線の長さだけに気を取られていると、迷ってしまう場面でしょう。ここでは1分足だけしか情報がありませんが、実戦では、他の時間軸やテクニカル分析と組み合わせるようにしましょう。

　スキャルピングは、エントリーポイントがいきなりあらわれるわけではありません。数分前から「そろそろエントリーかな？」という準備期間があります。エントリーを見極めるためのタイミングを測る時間が必要です。長い陰線が出たからといって、すぐに逆張りをすると軽はずみなトレードになってしまいます。仮に長い陰線が出たら、次のローソク足はもっと長い陰線が出る可能性もあるわけです。1秒ごとの動きをしっかり観察し、テクニカル分析と組み合わせてタイミングを測るようにしましょう。

　スキャルピングは、エントリーポイントが近くなると、数分間は一瞬たりとも目が離せません。最初は疲れるかもしれませんが、ある程度ルールを作ってしまえば、まったく疲れずにトレードできるようになります。1時間で50回のトレードなど、回数をこなしてもです。要するに、行き当たりばったりの売買を繰り返すのではなく、ルール化して淡々とトレードをこなせばいいのです。

The 1 Minute Scalping. Entry & Exit Practice Notes

Chapter
4

無駄のないエントリーを実現する「インジケーター＋テクニカル」

23
「RSI」で過熱感を察知する

売られ過ぎ、買われ過ぎを示唆する

　移動平均線、ボリンジャーバンド、そしてエンベロープは、ローソク足と同じ場所に表示しました。ローソク足が上昇すれば、同じように上昇し、ローソク足との位置関係を見比べることができました。ここから説明するRSIと、後述するMACDは、チャートの下部に表示されるので、視覚的には最初の3つとは異なります。

　RSIは、主に「売られ過ぎ」「買われ過ぎ」を測る逆張りの指標に使われます。ただ、「売られはじめたら売る」「買われはじめたら買う」という順張りにも使えるので、活用方法に制限はありません。なお、使うチャートは、1分足ではなく5分足がおすすめです。1分足だと指標の上下のブレが大きくなり過ぎて、信頼度に欠けるからです。1分足を使うにしても、5分足と組み合わせるようにしましょう。

　次ページの図4-19は、豪ドル／米ドルの5分足です（RSIの設定は図4-18参照）。

図4-18　RSIのパラメーターとレベル表示を入力

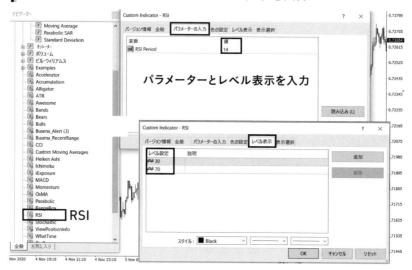

パラメーターとレベル表示を入力

図4-19　RSIはチャートの下部に表示される

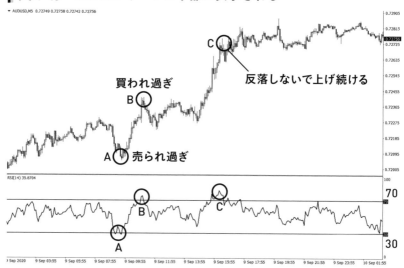

　チャートの下部に表示されているものがRSIです。設定期間は「14」です。RSIは0から100のなかで推移します。売られ過ぎや買われ過ぎの

状況を見やすくするために、「70」と「30」に、ラインを引きました。ローソク足が上昇するとRSIも上昇し、下落するとRSIも下落します。これで買われ過ぎや売られ過ぎを測っていきます。

Aではローソク足が下がっているので、RSIも下げています。30のラインを下回ったので「売られ過ぎ」と判断し、買い戦略です。一方Bでは、上昇して70のラインを上回ったので「買われ過ぎ」と判断し、売り戦略を取ります。

ただし、Cのように、70のラインを超えて売りポジションを持っても、そのまま上がっていくこともあります。RSIは0から100の間で推移するので、急激にボラティリティが高くなるなど、それまでよりも注文が多く入ると、0や100に張りついた状態になります。この現象は、主にレンジから急にトレンドが発生するときに見られます。そのため、**単純に「30を下回ったら買い、70を上回ったら売り」としていると、強いトレンドが発生するたびに負けてしまうので、注意が必要です。**

注意点としては、30や70を超えても、すぐに逆張りしないほうがいいということです。上昇トレンドのときだと、70を超えて売りポジションを取るのではなく、さらにもう一段階、下げる前兆が出るまで待つと、より確度が高くなります。

図4-20 ダイバージェンスはローソク足とRSIの向きが逆

ダイバージェンスを狙う

価格は上げているが
RSI は下げている

　図4-20は、豪ドル／米ドルの5分足です。RSIが70を超えたとき、ローソク足も上昇しているので、ショートしたくなります。しかし、丸印の箇所で、価格はさらに高値を更新しました。このとき、ショートポジションを持っていたら、含み損を抱えますね。さらに上昇する恐怖から、損切りしてしまうかもしれません。仮にここで損切りをしたとすると、ここが天井となって落ちていった形となったので、何とも悔しいトレードになるでしょう。

　ここで気をつけて見てほしいポイントがあります。丸印の箇所でRSIに注目してください。価格は上げているのに、RSIは下げています。ラインを引くとわかりやすいです。ローソク足とRSIは、本来同じ方向へ動くはずですが、ここでは逆になっています。**ローソク足は上昇、RSIは下落です。このような現象を「ダイバージェンス」といい、これから下落することを示唆します。**70を超えたらすぐショートするのではなく、70を超えてから実際にRSIの下げる前兆が出てからショートをしていきます。ずばり、「待つ」ということです。これで損切りを減らし、確度の高いスキャルピングができるでしょう。

　最初に1分足だと信頼度が低いと書きました。1分足だとすぐに30と70を超えるからです。そうすると、ダイバージェンスの量も増えます。しかし、量は増えますが、確度が落ちるので、トレード回数の割に勝率がかなり下がります。RSIや、このあと説明するMACDでは、1分足だけではなく、必ず5分足も検証することがおすすめです。

ダイバージェンスが出ても反転しない場合も想定しておく

　図4-21は、豪ドル／米ドルの5分足です。Aではどのようなイメージができるでしょうか？　RSIを見て考えてください。

図4-21　下落途中の相場を RSI を使ってイメージする

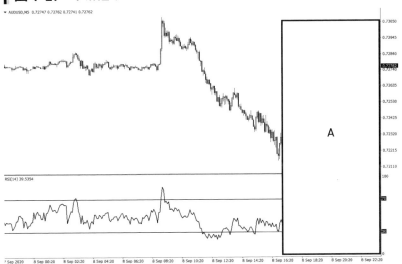

　次ページの図4-22が、実際のチャートです。

　A、BではRSIが70のラインを超えて下落していきました。そして、Cの手前ではダイバージェンスが出てきました。価格は下げているのにRSIは上昇しています。ここでダイバージェンスに気づいた方は、すぐに価格が上昇すると考えたかもしれません。しかし、ダイバージェンス

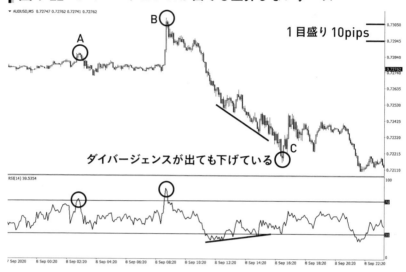

図4-22 ダイバージェンスが出ても上昇しないケース

1目盛り10pips

ダイバージェンスが出ても下げている

が出ても、Cでさらに安値を更新しました。チャート右上の目盛りで、1目盛りが10pipsなので、Cの手前で買いエントリーをしていたら、約20pipsを損切りすることになるトレードです。

　このように、30を下回っても上昇せず、さらにダイバージェンスが出ても上昇しない場合もあります。今回はCが底となってある程度戻しましたが、下落圧力が強い相場では、Cから急落していく場面もあります。

「なんだ、これではRSIは使えないのでは？」と感じるかもしれません。大事なのは、**1つのインジケーターで勝てるシグナルは出続けない、と理解する**ことです。ダイバージェンスが常勝のシグナルなら、すべてのトレーダーがRSIを使うようになるでしょう。しかし、そうはなりません。1つのインジケーターで判断するのではなく、他のテクニカル分析と組み合わせることが何よりも重要です。すでに触れたように、2つ以上の根拠を持つと、FXでは確度が急激に上がります。しかし、それでも逆行する場合は、ためらわずに損切りをするようにしましょ

う。どんなにテクニカル分析を組み合わせようが、100％勝てるシグナルは存在しません。ですから、損切りをすることが重要なのです。

　なお、インジケーターの組み合わせについては、MACDのあとにさらにくわしく説明します。

24

「MACD」で売られ過ぎ、買われ過ぎを察知する

順張りと逆張りの両方で活用できる

　MACDはRSIと同様に、チャートの下部に表示するインジケーター
です。パラメーターの設定は一般的な「12、26、9」で行ないます。
図4-23が設定画面です。数字を入力し、OKをクリックすると、チャー

図4-23　MACDの設定

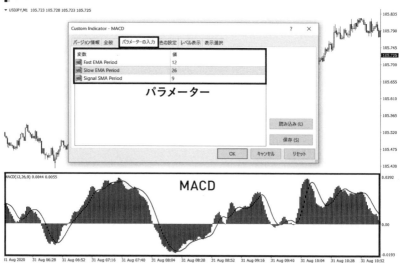

トに表示されます。

図4-24を見てください。米ドル／円の1分足です。

図4-24　MACDで逆張りのポイントを見つける

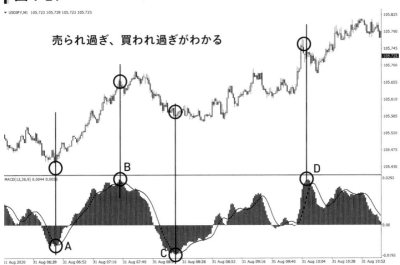

価格変動に連動し、MACDも動きます。ただし、RSIのように0から100で推移するのではなく、上昇トレンドなら上限なく上げていきます。たしかに、A、B、C、Dのように、売られ過ぎや買われ過ぎの状況をひと目で把握することはできます。Aの箇所で売られたあとにBまで買われたため、Bで買われ過ぎだとわかります。

A、B、C、Dと上下に動いているので、下へ行ったら売られ過ぎ、上に行ったら買われ過ぎだと判断できます。毎回逆張りでエントリーすれば勝てそうですが、エントリーのタイミングを間違えるとすぐに損切りになるので、そう簡単にいきません。**MACDには上限や下限がないため、たとえばBのあと、さらに買われ続ければ、MACDは上昇し続けます。AのあとBまで買われたから、買われ過ぎのように見えるだけです。**そのため、初心者が逆張りで使うのは、ちょっと難しいでしょう。ただし、ルール化するのが難しいだけで、MACD自体が逆張りに

適していないということではないので、勘違いしないでください。ルール化しやすいかどうかという観点です。

　では、順張りで活用してみましょう。図4-25は、図4-24と同じ米ドル／円の１分足です。

▎図4-25　MACDで順張りのポイントを見つける

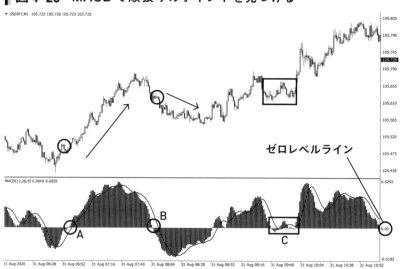

　MACDの中心に、0のラインがあります。これはMACDの計算上、売られ過ぎでも買われ過ぎでもないちょうど真ん中のラインです。これをゼロレベルラインといい、ここから買われ過ぎか、売られ過ぎのどちらかに動き出します。**ずっとゼロレベルラインに張りついていることはありません。どちらかに動きます。そこで動き出した方向へポジションを持つと、小さなトレンドに乗ることができます。**

　Aは、下から上にゼロレベルラインを抜けているので、買いポジションを持ちます。実際、Aのあと価格は上昇しています。Bは反対に、上からゼロレベルラインを下抜けしているので、Bで売りです。しかし、すべてきれいにゼロレベルラインを上下することはなく、Cのように0

160

付近で行ったり来たりする場合があります。ここでゼロレベルラインを下抜けしたから売り、上抜けで買い、などと何度もポジションを持つと連敗することになります。A、Bのようにきれいにゼロレベルラインを抜ける場合もありますが、Cのようにレンジ相場だとまったく機能しないので、注意が必要です。つまり、MACDで完璧なルールを作るのは難しいので、やはり他のテクニカル分析を組み合わせる必要があります。Cのように機能しない場面があるためMACDはいっさい役に立たない、というわけではありません。インジケーターにより、単体で活用できる場面とできない場面があります。メリットを活かし、デメリットを他のテクニカル分析でカバーするイメージで使いましょう。

ラインブレイクとゼロレベルラインを組み合わせる

　図4-26は、ポンド／米ドルの5分足です。Aでどうなったか、考えてください。MACDと水平ラインの2本をチェックしましょう。

図4-26　水平ラインと MACD で相場を予測する

結果は、図4-27のように大きく上昇しました。

図4-27　ラインブレイクとMACDゼロレベルライン上抜けで上昇

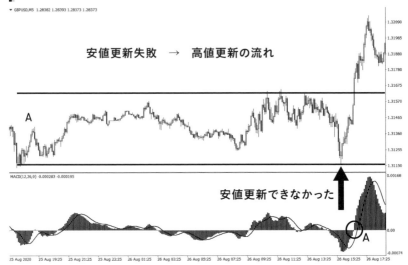

　まず、高値と安値に水平ラインがあります。矢印の箇所で、安値更新ができずに、急反発して高値をブレイクした直後でした。高値をブレイクしたので、そのまま上昇するかもしれませんが、急落する可能性もあります。水平ラインだけでは判断ができないでしょう。

　そこでMACDを見ると、Aでゼロレベルラインを上抜けました。**水平ラインの高値ブレイクと同時に、MACDのゼロレベルラインで上抜けが発生しています。**MACDはこれからさらに上昇して、買われ過ぎまで行く可能性があります。そのため、上昇する確率が高い場面だと判断できます。高値ブレイクで上目線、MACDも上目線なので、2つの根拠がそろっている場面でした。上昇するイメージができればいいでしょう。

25

複合テクニカル①
水平ライン＋移動平均線

テクニカルを2つ組み合わせて4つの根拠を見つける

　ここからは2つのテクニカル分析を組み合わせていきます。すぐに答えを出そうとせず、1つの根拠をゆっくりと探し、見つかったら2つ目の根拠を探して、総合的に判断してください。

図 4-28　ネックラインと移動平均線でスキャルピングをイメージ

図4-28は、豪ドル／円の5分足に、移動平均線を表示してありま
す。ネックラインを引き、Aでどうなるかイメージしてみてください。
　上昇、下落、横ばいの3つのパターンのうち、どれが確率的に高そう
でしょうか。ネックラインを引いてみましょう。図4-29です。

▌図4-29　ラインブレイクとパーフェクトオーダーが同時に起こる

　A、B、Cと、同じ価格帯で反応しているのでネックラインが引けま
す。そして、移動平均線は上昇のパーフェクトオーダーです。Bで反落
し、そのあとネックラインを上にブレイクしました。ブレイク後すぐに
反落しましたが、ネックラインがサポート帯になって、Cで反発する可
能性があります。しかし、Cで急落するかもしれません。そのため、
ネックラインだけでは自信が持てない局面でもあります。
　そこで、移動平均線を見ると、Cでパーフェクトオーダーからローソ
ク足が移動平均線に挟まれた状態です。上昇トレンドに回帰する絶好の
場面といえるでしょう。また、N波動の押し目のポイントにあたり、ト
レンドに回帰する可能性もあります。そこで、Cあたりからロング目線
でスキャルピングをすると、確率的に勝てるでしょう。

では、Cからどのようなスキャルピングができそうでしょうか？　図4-30の1分足でイメージしてみましょう。

図4-30　移動平均線とネックラインで上昇トレンドをイメージ

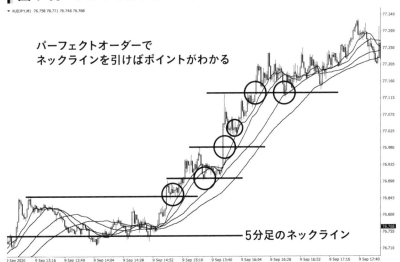

5分足のネックラインを上抜けしてから、1分足の移動平均線もパーフェクトオーダーです。あとは、高値と安値を切り上げるイメージをし、ネックラインを引くと、至るところでスキャルピングができます。

今回は、次の4つを組み合わせることができました。

・ネックライン（水平ライン）
・移動平均線のパーフェクトオーダー
・高値と安値切り上げ
・N波動

テクニカルは2つの組み合わせですが、根拠は2つではなく4つあることに注目してください。5分足で方向性をイメージし、そのとおりになりそうなら、1分足でタイミングを測るといいでしょう。

26

複合テクニカル②
ライン＋エンベロープ

未来を予測する前に過去をきちんと分析する

　図4-31は、エンベロープを表示したポンド／円の１分足です。Aがどうなったか、考えてみてください。それまでの経緯を、ラインを引いて分析してからAのイメージをしてみましょう。

図4-31　下落している１分足を予測する

図4-32で、水平ラインを２本引きました。安値を更新して下降トレンドが出ているので、Ｎ波動も確認できます。戻りをつけながら、Ａではさらに下げそうな雰囲気ですね。大事なことは、**すぐに未来を予測しようとせず、それまでのプロセスをゆっくり分析することです**。どこが相場の分かれ道になったのか、そして、どこでトレードできたのかをチェックするようにしましょう。それを踏まえて、Ａではどうトレードできるか考えます。

▎図4-32　Ｎ波動を描いて下落している

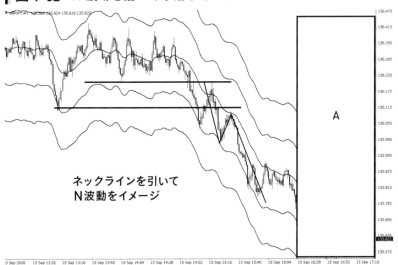

斜めのラインも引いてみましょう。次ページの図4-33です。

図 4-33 チャネルラインでエントリーポイントを把握

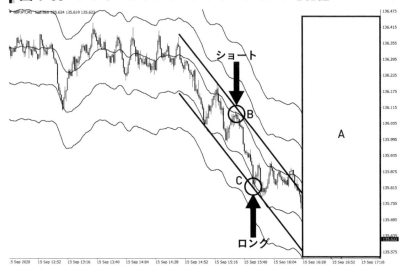

　N波動が出たところでは、高値と安値の切り下げに合わせて、チャネルラインが引けます。チャネルラインは、移動平均線の角度に合わせるのがコツです。Bではチャネルラインにぶつかっているのと、移動平均線まで戻していて、N波動の途中なので、下降トレンドに回帰する確率が高いポイントです。下げる確率が高いのでショートをすることができます。またCでは、長い陰線が出てチャネルラインにぶつかり、さらにエンベロープにタッチしているので反発する可能性が想定できます。BからCにかけて、陰線をイメージして何回もスキャルピングをしてもいいでしょう。

　Aまでに利益を上げていれば、気楽にAでスキャルピングできそうです。結局どうなったかというと、図4-34を見てください。

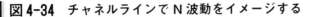

図4-34 チャネルラインでN波動をイメージする

　高値切り下げに合わせて、チャネルラインが引けました。問題を出した時点では、まだ安値の切り下げは確認できなかったので、高値を起点に下降トレンドラインを引き、安値に移動するイメージです。そうすると、チャネルラインの下限にタッチするまで下げるイメージが持てるので、Aの箇所で陰線を予測して、ショート戦略でスキャルピングできればいいでしょう。

　ここでも、N波動を描いている途中です。N波動が完成するかはわかりませんが、**もしNの字が完成するならどこまで下げるかを予測し、その可能性が高ければショートをしていきます**。図4-31や図4-32で分析したように、それまでの下降トレンドのプロセスを理解できていたので、Aで自信を持ってスキャルピングをすることができます。いきなり図4-34を見て、Aでショート戦略を取るのは難しいでしょう。現在動いているチャートがしっかり分析できないと、この先もわからないということです。

　逆に、今迷いが生じないということは、それまでの過去のチャートが分析できている証拠です。スキャルピングをするのは未来ですが、過去

チャートを理解していないと、未来では勝てないことを意味します。逆に、過去と現在のプロセスが把握できていれば、この先のトレードで勝てる確率が高くなります。

　この問題では、次のテクニカル分析を組み合わせました。

・水平ライン
・チャネルライン
・移動平均線への戻り
・Ｎ波動
・長い陰線で反発
・エンベロープのタッチ

　テクニカル分析は移動平均線とラインの２つですが、根拠は６つあります。このうち２つ以上見つけたら期待値は高くなります。もちろん３つ４つと見つけると、より確度は高くなります。

The 1 Minute Scalping. Entry & Exit Practice Notes

Chapter
4

無駄のないエントリーを実現する「インジケーター＋テクニカル」

27

複合テクニカル③
エンベロープ＋RSI＋MACD

インジケーターを組み合わせて期待値を高める

　ここからは、複数のインジケーターを組み合わせてみます。図4-35
は、ユーロ／円の１分足に、エンベロープ、MACDおよびRSIを表示
しました。

図4-35　３つのインジケーターを組み合わせる

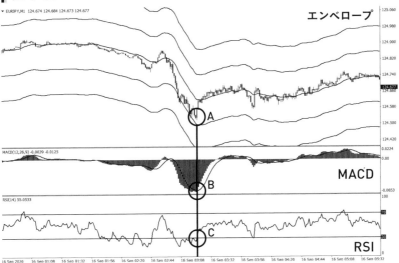

Aの箇所では下降トレンドが発生しています。Aの少し前にエンベロープにタッチしましたが、反発することなく、じりじりとAまで下げてきました。エンベロープだけでは、どこで反発するかわかりません。BはMACDで売られ過ぎから反転しそうな場面です。しかし、MACDだけで反転を見極めるのは難しい点はこれまでに述べたとおりです。

　では、Cはどうでしょうか。30のラインを下抜けしたあと、ダイバージェンスが発生しています。3つのインジケーターを組み合わせると、それぞれ反発する可能性があります。RSIは1分足より5分足で使うことをおすすめしましたが、ここでは1分足です。今回のように、いくつかのインジケーターを組み合わせることにより、精度を高めることは可能です。インジケーター1つだと信頼度は低いかもしれませんが、2つや3つのインジケーターが同時にシグナルを出した場合、1つよりも確率は高くなります。ただし、闇雲にチャートにインジケーターを表示すると混乱しますし、情報は多ければいいというわけではありません。しかし、いくつかのインジケーターを組み合わせると、少しは確度が上がると理解してください。

　図4-36は、同じくユーロ／円の1分足で、インジケーター3つも図4-35と同じです。Aではどうなる確率が高いか、イメージしてください。

図4-36　3つのインジケーターで期待値が高い方向を予測

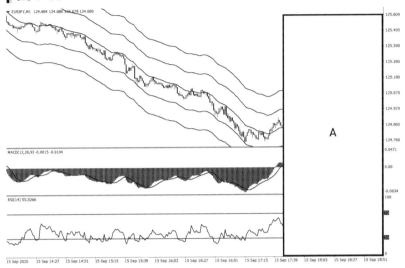

結果は、図4-37になりました。下降トレンドが底を打ち、上昇していきました。

図4-37　それぞれ違う分析方法になるチャート

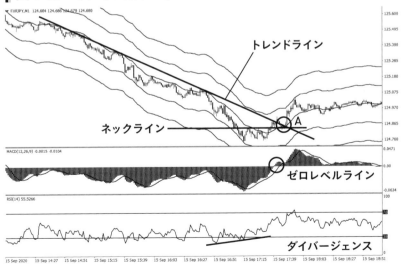

まず、下降トレンドラインが引けます。Aで上抜けするかどうかの場面です。また、ネックライン（水平ライン）も引けます。ネックラインを上抜けして、Aが押し目となり、上昇していくN波動がイメージできます。エンベロープは、今回は活用できそうもありません。しかし、それまで下向きだった移動平均線が上向きになり、Aで押し目になる可能性が出てきました。MACDは、ゼロレベルラインを下から上に突き抜け、上昇を示唆しています。RSIは、Aの手前でダイバージェンスが出て上昇しはじめているので、このまま上げる可能性が想定できます。このように、いくつかの上昇する可能性を組み合わせると、自信を持ってAで買い目線になることができるのです。

今回は、次の5つを組み合わせました。

・下降トレンド上抜け
・ネックライン上抜け
・移動平均線が押し目
・MACD ゼロレベルライン上抜け
・RSI ダイバージェンス

Chapter 2 から Chapter 4 まで、スキャルピングで勝つためのチャートの見方と、確率が高いポイントを見てきました。勝てるイメージが少しはできましたか？　テクニカル分析を組み合わせると、より多くの根拠が見つかります。期待値が高い根拠が重なるポイントこそ、スキャルピングで勝てるチャンスです。次のChapterから、さらに知識をインプットしていきます。

┃チャート画像の残し方

　インジケーターは1つだけで判断するのではなく、2つ以上を組み合わせると信頼度が上がる点は、これまでに述べたとおりです。インジ

ケーターでなくても、ラインやローソク足分析などのチャート分析なら、どんな組み合わせでもいいでしょう。インジケーターはチャートにずっと表示されているので、視覚的に判断しやすいです。たとえば、図4-38は、エンベロープとラインを組み合わせています。

▌図4-38　気づいた点はスクリーンショットで残していく

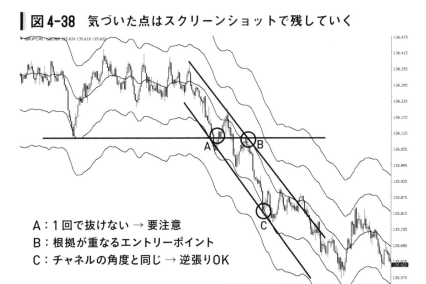

A：1回で抜けない → 要注意
B：根拠が重なるエントリーポイント
C：チャネルの角度と同じ → 逆張りOK

　横の水平ラインだけでなく、斜めのチャネルラインも引いています。ラインだけでも根拠が2つあるところ、エンベロープというインジケーターをさらに組み合わせています。トレンドが発生したときには、そのトレンドの波があるので、どんなトレンドだったのかを画像で残しておくといいでしょう。

　Aでは、ネックラインを下抜けしてもすぐにトレンドが出るのではなく、ダマシになっています。Bではラインが重なり、戻り場面で移動平均線にタッチしているので、信頼度がかなり高いとわかります。Cは移動平均線の角度と同じチャネルラインが引けるので、反転する箇所がわかります。エンベロープにタッチしただけでなく、チャネルラインにもタッチしました。反転する確率が高まる場面です。

このように、短期トレンドごとにメモしておくと、「どこに着目すればいいのか」「では、どこでエントリーすればいいか」というように、ルール化していくことができます。仮に100回の短期トレンドをすべてスクリーンショットで残せば、100枚の画像になります。ぺらぺらと100枚を見ていれば、ルール化できそうな気づきがあるはずです。1枚では何も効果がないかもしれませんが、それを積み重ねていくと、やがて大きな成果につながります。

臨機応変に
イグジットを使いこなそう

28 利益を積み重ねる利幅と、ポジションのホールド時間の考え方

イグジット方法を時間で決める

スキャルピングは、エントリー面に関していうと、勝てそうなポイントを探せばいいだけです。では、イグジットは含み益が出たら数pipsで利益確定すればいいのでしょうか？

デイトレードやスイングトレードだと、あるポイントに達するまで、そのポジションをホールドすることが多くなります。ポイントとは、価格かもしれませんし、テクニカル的な相場の分かれ道かもしれません。もしくは、リスクリワード比率で算出する場合もあるでしょう。損切りも、マイナス何pipsと数字で決めたり、あるポイントを逆行したら損切りしたりするなど、数字やテクニカルにフォーカスしています。

一方、スキャルピングの場合はどこまでホールドするという概念も大事ですが、何分ホールドしたら決済する、という時間的な決めごともあったほうがいいでしょう。5pipsの利幅を狙うとして、それが1分で終わるかもしれませんし、10分かかるかもしれません。逆に、2〜3分くらいしたら決済するという方法も考えておくべきです。

ここからは、ポジションを決済するときのイグジットの方法にフォーカスして見ていきます。イグジット方法に関する概念の1つとして、とらえてください。

図5-01は、ポンド／米ドルの1分足です。下降トレンドラインが引け、安値を切り下げるイメージができました。矢印でショートを入れた想定で、イグジットを考えてみましょう。

▌図5-01　売りを入れてからどこでイグジットするか考える

ポジションのホールド時間を次の3つに分けました。

A：3分後
B：10分後
C：30分後

A、B、Cのうち、どれがイメージしやすいでしょうか？　また、どれを狙いたいでしょうか？　Aの3分後なら、ローソク足が3本です。これなら陰線が出るイメージを持っていたので、すぐにイメージどおりになり、順調にイグジットできそうです。ただし、そのあとの下げは取れません。再エントリーする必要があります。

Bの10分後の場合、Aよりは利幅は取れますが、途中で陽線が出るな

ど、含み益が減る場面があります。10分間連続で陰線になることもありますが、ネックラインをブレイクしたときなど、相場の分かれ道から走り出したときでないと、10分間連続の陰線が出るのは無理でしょう。今回のような下降トレンドラインで反落した程度では、10分間連続陰線は考えにくいです。そのため、含み損益の変動がありそうです。ただし、5分足で考えると、ローソク足はたったの2本なので、1分足と5分足を組み合わせれば、可能なトレードです。

　Cの30分後では、大きな利幅が狙えます。今回は+20pipsほど利益が出ました。しかし、ポジションのホールド中の損益変動も大きくなります。途中で含み益が減るのはもちろんのこと、下降トレンドラインを上抜けして損切りになるかもしれません。AやBのポイントで利益確定をしていれば、確実に利益になっていたトレードが、含み損に転じて損切りになると悔しいですよね。5分足だとローソク足6本です。少しデイトレードに近いトレードスタイルになります。

　A、B、Cのどこで利益確定するのがベストというのではなく、どれを目指したいかが重要です。ポジションのホールド時間により、利幅と損切り幅や、ホールド中のメンタルも変わってきます。

　ただ、イグジットは、人によりA、B、Cのうちどれが向いているのかが変わってきます。エントリーポイントは人による向き不向きはありません。しかし、イグジットは、同じスキャルパーでも、向き不向きが出てくるのではないでしょうか。1分で利益確定をするのが早過ぎると感じる方もいれば、10分だと長くて我慢できない方もいるでしょう。**これからトレードルールを作るうえで、どれを目指したいかという点と、自分にしっくりくるホールド時間を見つけてください。**

　実際にスキャルピングをやってみて、自分に合うホールド時間を見つけていきましょう。相場に応じてホールド時間を変えるなど、つど対応を変えるのがベストです。そうすれば、最大限の利益をいつも得ることができます。しかし、最初からそのようなイグジットは無理なので、まずはこれだけの選択肢があることを知り、自分にはどれが向いているのか、実際にトレードして決めていきましょう。

29

3pipsを狙うトレード

イグジットの目安をpipsで決める

　イグジットは、何分ホールドするという考え方の他、pipsでとらえるパターンもあります。ここからは、「3pipsを狙うスキャルピング」を実際に見てみましょう。

　次ページの図5-02はユーロ／円の1分足で、ボリンジャーバンドを表示しています。一定の値幅で上下動しているレンジ相場です。反発しているポイントにはサポートライン、反落しているポイントはレジスタンスライン、2本の水平ラインが引けます。ここでは3pipsを狙うスキャルピングをイメージしてみます。

　まず、Aでボリンジャーバンドにタッチしてサポートラインにぶつかったので、反発する可能性があります。ここで3pipsを狙って買いエントリーをしたとします。チャート右端の1つの目盛りが3pipsです。3pipsを得るには時間にして3～4分くらいです。

　Bは何度も反落しているネックラインで、同じくボリンジャーバンドにタッチしたので、売りエントリーをします。ここでは1分ほどで3pipsが得られるでしょう。Bは5本のローソク足がネックラインにぶつかっているので、1回ではなく2回、3回とショートすることができるかもしれません。1回ショートして利益確定をし、再度Bにタッチし

図5-02　3pipsでイグジットするトレードをイメージ

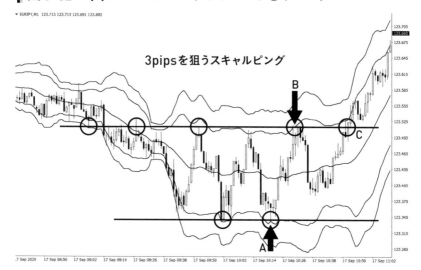

たので再びショートする、回転売買です。

　Cでは、ネックラインを挟んで上下しているので、ショートしてから損切りをしている可能性が高いです。結果、上にブレイクしたので、ロング目線に変更して買いポジションを取れば、3pipsを得るなら時間にして2分程度でしょう。

　このように、獲得したいpipsをあらかじめ決めておくと、毎回ポジションのホールド時間が変わってきます。1分の場合もあれば5分のときもあるでしょう。**利幅のpipsにフォーカスしているので、ホールド時間は少しアバウトに見ておくといいでしょう。**

　注意点は、毎日同じ数字にしてしまうと、その日の相場に合わないpipsになる可能性が高くなります。毎回3pipsにしていると、ボラティリティが非常に高い相場のときは少ない利幅になります。何十pipsも乱高下している短期トレンドなら、3pipsではなく5pipsや10pipsが狙えるかもしれません。逆に狭いレンジ相場なら、3pipsに到達する前に反転してしまうでしょう。その日の相場、そのときの短期トレンドの傾向

により、数字は変えるつもりでいてください。

　また、通貨ペアによっても、数字は変えましょう。米ドル／円とポンド／円では、スプレッドもボラティリティも違うので、同じ3pipsでは通用しません。米ドル／円だと毎回3pipsを取るのは難しいですし、ポンド／円は3pipsでは少ない場面も多いです。つまり、**毎日、通貨ペアによってベストな利幅の数字は変わってきます。**エントリーはルール化しても、イグジットは少しアバウトでいいのは先述のとおりです。相場に合わせて、イグジットは変えていきましょう。

実戦ではローソク足の形成中にイグジットとなる

　次ページの図5-03はユーロ／米ドルの1分足で、移動平均線を表示しています。Aではどのようなイメージができますか？　3pipsの利益確定をするつもりで、「買い」もしくは「売り」の戦略を立ててください。

図5-03　3pipsでイグジットするスキャルピングをイメージ

図5-04 押し目買いで3pipsを利益確定する場面

3pips取るまで
約3分間

　結果は図5-04です。まず、移動平均線がパーフェクトオーダーで
す。そして、ネックラインとカウンターラインの2本が引けます。ネッ
クラインで反発したとき、パーフェクトオーダーからローソク足が移動
平均線に挟まれるまで落ちたので、押し目が想定できます。そして、カ
ウンターラインを上抜けすれば、上昇トレンドに回帰するというイメー
ジできます。

　また、カウンターラインを上抜けしたとき、パーフェクトオーダーに
回帰しました。ここで買いポジションを持ち、3pipsの利益を得るまで
1 ～ 2分程度です。なお、実戦ではエントリーしたローソク足が確定
するまでの間に3pipsに到達することもあります。その場合は、数秒か
ら数十秒で利益確定することになります。1分足が確定するまでに、価
格は上下動しています。本書では1分足が確定したあとのローソク足で
しか説明できませんが、**リアルタイムで見ていると、エントリーした
ローソク足が形成中、秒単位でイグジットになる想定もしておいてくだ
さい。**

30

2分間ホールドする
トレード

2分先までイメージして、その先は深く考えなくていい

　次は、2分間ホールドしてからイグジットするスキャルピングを見て
みましょう。なぜ2分間かというと、先のことを考えなくていいので、
メンタル的に楽なトレードを実現できるからです。

　次ページの図5-05は、米ドル／円の1分足です。Aではネックライン
で反落して下げはじめたため、A（上ヒゲ陰線のローソク足）の2分後
に、2分間ホールドするつもりでショートエントリーをしました。この
あとのローソク足2本をイメージしてください。Aに至るまでのローソ
ク足を、よく観察しましょう。

▌図5-05　2分後にイグジットするイメージでショートエントリー

　ショートしたので、このあとのローソク足は陰線をイメージしていますね。では、Aまでのプロセスを見てみましょう（図5-06）。

▌図5-06　2分先までをイメージしたチャート

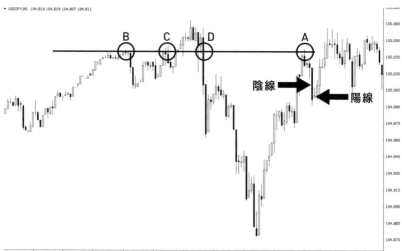

　まず、B、Cで反落したとき、少し長めの陰線が出ています。そのあと一度上抜けしましたが、Dで突然ネックラインの内側に戻ってきました。長い陰線が出ているので、上に行かせない圧力があるのでしょう。つまり、このネックラインは強い節目であることがわかります。そして、Aで上ヒゲになって反落したので、B、C、Dと同じような長い陰線が出る可能性があります。実際、ショートエントリーをしてすぐに長い陰線が出ました。次のローソク足は陽線ですが、これは仕方ないでしょう。「2分後には下げている」というイメージをしてエントリーしており、実際そのとおりになっているので、勝ちトレードです。

　また、「もしかしたら次のローソク足はさらに長い陰線が出るかも」という想定もできます。そのため、完璧なイメージどおりではなくてもほぼ合っているでしょう。利益確定ができれば問題ありません。

　2分先までを考えていたので、そのあとどうなるかは考えなくてもいいです。あくまでもエントリーしてから2本分のローソク足だけを考えています。B、C、Dと同じような陰線が出るイメージがあれば、勝てる場面です。

　ここでは2分間の想定でしたが、1分間のトレードをするなら、陰線が1本確定したら、すぐにイグジットすればいいわけです。この場合も、2本先（2分先）はまったく考えなくていいです。1本先のローソク足が、陽線か陰線かを想定すればいいだけです。先のことを考えなくていいので精神的に楽なため、スキャルピングのメリットといえます。

31

10pipsを狙う
トレード

通貨ペアによって数時間のホールドも想定する

　10pipsを取ろうとすると、前述の2分間や3pipsを狙うスキャルピングよりも、ポジションのホールド時間は長くなります。そのため、確実に相場が動くポイントを見つける必要があります。ちょっと動いたところを利益確定すればいい、という考えでは通用しません。

　図5-07は、豪ドル／米ドルの5分足です。チャート右端の1目盛りは10pipsで、インジケーターはMACDとRSIを表示しています。10pipsを取るために、どこでどんなスキャルピングができるか考えてみましょう。

　まず、ネックラインを引いてエントリーポイントを絞ってください。

図5-07　MACDとRSIでエントリーポイントを見つける

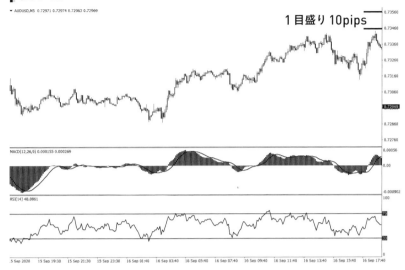

1目盛り10pips

ネックラインを2本引いたのが、図5-08です。

図5-08　ネックラインとインジケーターで上がる根拠を見つける

ゼロレベルライン

ダイバージェンス

まず、Aで上にブレイクしています。ここは、MACDがゼロレベルラインを上抜け、RSIもダイバージェンスが出ており、上昇を示唆しています。Aをブレイクしたときに買いポジションを持ちます。10pipsを狙おうとすると、現実的にはイグジットはBになるでしょう。Aをブレイクしてすぐエントリーできればいいですが、実際には少し上昇しはじめたときにエントリーするのと、スプレッドがあります。そのため、10pips以上の含み益が出てくるのはBで高値更新をしたときです。AからBまで、ポジションのホールド時間は5時間あります。これだとスキャルピングにならないですね。

　また、Bで高値更新して買いポジションを持ったとしたら、10pipsで利益確定できるのはCあたりでしょう。この場合も、ポジションのホールド時間は3時間ほどあります。やはり、スキャルピングとはいえないでしょう。

　豪ドル／米ドルは、動きがないときはあまり値幅が出ません。そのため、いつも10pipsを狙っていると、デイトレードのようになるので注意が必要です。通貨ペアと地合いにより、利幅は変えなければならないことがよくわかります。

　ただし、**トレードが失敗だったかというとそうではなく、むしろ成功といえるでしょう。上がると思って買い、そのまま上昇して10pipsの利益確定ができました。これはイメージどおりです。**ですから、勝ちトレードになります。ただ、ホールド時間がどれくらいになるのかがわからなかっただけです。少し長めにホールドすると、スキャルピングとデイトレードの間になりそうですが、これはどちらのスタイルか決める必要はないでしょう。エントリーしてからイメージどおりに進んだので、そのままホールドしていたといういいトレードです。

利幅とホールド時間の片方をアバウトにしておくことも必要

　別の場面を見てみましょう。図5-09は、ポンド／米ドルの4時間足
です。上昇トレンドが継続していましたが、ネックラインを下抜けして
トレンド転換しました。トレンドラインを下抜けすると、一転して急落
しています（Bの箇所）。

図5-09　ネックラインを下抜けしたあと、どうするか

　まず、Aの箇所を見てみましょう。ネックラインを上抜けし、長い陽
線が出ました。これまでの上昇トレンドが加速しているポイントです。
　そして、Aを1分足にしたのが、次ページの図5-10です。ネックライ
ンを上抜けしてから、買いポジションを持ったとします。10pipsを取る
までのイメージをしてください。チャート右端の1目盛りは5pipsで
す。10pipsを取るためには、2つの目盛り分を上昇する必要がありま
す。

図5-10 ネックラインを上抜けして買いトレードを想定

結果は図5-11です。

図5-11 10pipsの利益確定をイメージ

　ネックラインを上抜けし、上昇トレンドに回帰しています。トレンドが加速する場面なので、少し長めの陽線をイメージするかもしれません。ネックラインを上抜けする前は、10pipsの値幅が出るのに数分〜10分程度かかっています。そのため、トレンドが加速する場面なら、数分で到達するイメージができます。

　結果は、エントリーから10pipsの利益確定まで5分程度でした。1つ前の豪ドル／米ドルは、10pipsを取るのに数時間かかっていましたが、ポンド／米ドルは5分ですから、短く感じますよね。ポンド／米ドルはボラティリティが高い通貨ペアなので、**相場の分かれ道となるポイントでイメージどおりに進めば、10pipsくらいは簡単に取れることがわかります。**通貨ペアによって、イグジットは変える必要があります。

　では、図5-09の4時間足Bの箇所を、1分足で見ておきましょう。図5-12です。トレンドラインを下抜け、矢印のポイントでショートしました。10pipsの利益確定をするまでのローソク足のイメージをしてください。

図5-12　トレンドラインを下抜けして売りポジションを持つ

結果は図5-13です。

図5-13　エントリーしてから10pipsの利益確定をイメージ

10pipsの利幅が乗るまでに22分かかりました。これは少し難しいですね。時間がかかった理由は、トレンドラインだけで判断したことです。トレンドラインは斜めのラインなので、トレーダーによって引き方が異なります。そうなると、それぞれが引いているラインの角度が微妙にずれているため、トレンドラインだけで判断するのは危険です。

実は、利益確定したあたりがネックラインが引ける価格帯で、その価格帯のほうが意識されていたようです。利益確定したポイントから、下げが加速していますね。ネックラインは水平ラインなので、誰でも意識しやすいライン（＝価格帯）です。

このように、ボラティリティが高いポンド／米ドルでさえ、エントリーのタイミングがずれると、10pipsを取るまでに時間を要します。短時間で利幅が取れるのは、あくまでも値が動きやすいポイントでエントリーした場合にかぎられます。ただ、このトレードも利益確定はできて

いるので、見方は正しいです。決して間違っていないので、ショートすべきではない例ではありません。むしろ、ショートしてからイメージどおりに下げているので、いいトレードといえます。10pipsを取るのに、タイミングによってホールド時間は大幅に異なるという認識をしてください。

　また、「何pipsを何分でイグジットする」と明確に決めるのではなく、利幅かホールド時間のどちらかをアバウトに決めるようにしたほうがいいです。今回は何分かかるかわからないけれど、10pipsを利益確定するイメージです。ホールド時間も利幅も決めてしまうと、イメージどおりにならないことが多くなり、スキャルピングが難しく感じてしまいます。

32

10分間ホールドする
トレード

5分足だと2本分の予測になる

次は、再びホールド時間にフォーカスしていきます。図5-14は、米ドル／円の5分足です。Aの箇所でショートし、10分間ホールドするつもりで、スキャルピングのイメージをしてみましょう。

▌図5-14　売りポジションを10分間ホールドする

カウンターラインを下にブレイク

①と②で約10pips

陰線2本で10分間ホールド

　まず、高値と安値を切り上げている箇所があるので、チャネルラインが引けます。カウンターラインと同じです。チャートの一番左で急落し、そのあとのゆっくりした規則的な高値と安値の切り上げがあったため、チャネルラインが引けました。

　Aで下抜けしたとき、下降トレンドに回帰していますね。Aで陰線が出はじめたときに、売りエントリーをしたとします。下げるイメージですから、陽線か陰線のどちらかといえば、陰線を想定しているはずです。10分間のホールドなのでローソク足は2本です。この2本のうち、長い陰線が1本出るか、2本とも陰線のイメージです。ローソク足でたったの2本なので、難しくはないですね。**あくまでも時間にフォーカスしているので、5分後に陽線か陰線かを見て、陰線ならさらにもう5分ホールドを続ければいいだけです。**

　今回は、ローソク足2本が陰線となり、10pipsの利幅になりました。1分足だと10本分を予測しなければなりませんが、5分足なら2本だけです。

過去チャートでエントリーポイントを検証してからトレードする

　別の場面も見てみましょう。次ページの図5-15は、米ドル／円の5分足です。ラインを引き、Aでロングかショートのどちらが確率的に勝てそうかを予測し、10分後をイメージしてください。5分足なのでローソク足2本分です。

図5-15　Aのあと10分後（ローソク足2本）を予測する

エントリーして10分後をイメージする

　Aをすぐに考えるのではなく、どのようなプロセスでAまできたの
か、チェックすることが重要です。仮にこれからトレードをするとし
て、今がAの場面だとします。いつも過去のチャート分析をしてからト
レードに臨むことを心がけましょう。そのために、図5-16でネックラ
インを引きました。

図5-16　相場の分かれ道をネックラインで把握する

▼ USDJPY,M5 104.909 104.920 104.906 104.915

B
どんなトレードが
できたか？

ネックライン

A

2本の陰線になった
10分ホールドして約3pips

　このネックラインが引ければ問題ないでしょう。何度も反転を繰り返しているので、意識されている価格帯です。Aは、Bから下落してきて、ネックラインを下抜けしたあとの戻り直後です。これから下げる場面でした。ローソク足2本分をイメージすればいいので、陰線2本が妥当でしょう。

　ただし、**何pips下落するかはわかりません。あくまでも、陰線2本を予測し、2本が確定したらイグジットします。**今回は、10分ホールドして3pipsの利益でした。ちょっと利幅が少ないと感じるかもしれませんが、ボラティリティが低い場面もあります。10分間ホールドすれば、いつも利幅が取れるわけではありません。また、今回は2本とも陰線ですが、1本目は陽線で、2本目は長い陰線かもしれません。その場合、1本目で損切りしている可能性もあります。含み損を抱えたら損切りするというルールなら、それは仕方ないでしょう。あくまでも、イメージどおりになったらホールドを続けることが大事です。

　では、Bではどんなトレードができたでしょうか？　Aでより確度の高いイメージをするために、過去のチャートでどんなプロセスを経てき

たのか説明できなければなりません。図5-17を見てください。

図5-17　ネックラインとN波動を組み合わせる

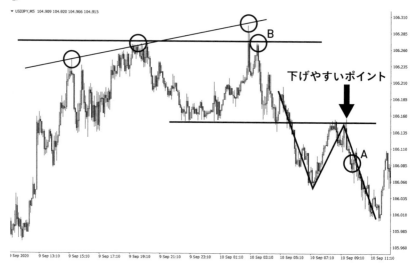

　Bはローソク足の実体で見ると、直近の高値です。ヒゲを入れると直前の上ヒゲが高値になるので、Bは「高値付近」というアバウトな見方でいいでしょう。ただ、ネックラインは引けますし、高値同士を結んだアウトラインも引けるので、間違いなくBは高値として意識されています。つまり、Bで反落して安値を切り下げたのは、上昇トレンドの終了を示唆します。安値を切り下げると今度はN波動が描けるので、Aでは上がるか下がるかのどちらが確率的に高いかというと、下がるほうです。このように、Aにくるまでしっかり分析できていれば、Aでも下げる確率が高いと予測できます。

　ここまで、pipsにフォーカスする場合と、時間にフォーカスするパターンのイグジット方法を見てきました。**利益確定に正解はなく、毎日自分で考えていかなければなりません。**イグジットに対してここまで考えたことがなかった方は、ぜひ頭に入れておいてください。

The 1 Minute Scalping. Entry & Exit Practice Notes

Chapter
5
臨機応変にイグジットを使いこなそう

33

退場しないための
資金管理

資金を失わないための3つの決めごと

スキャルピングのルールを作るうえでは、資金管理を決めておくことも重要です。もちろん、エントリーとイグジットのポイントを、チャートから見つけることは大切ですが、**FXはレバレッジが25倍もありリスキーなため、資金管理を決めておかないと、ルールを検証する前に資金が枯渇してしまいます。**

資金管理である程度の決めごとをしておかないと、自分の感情の起伏についていけず、めちゃくちゃなトレードをしてしまう可能性があります。それを防ぐために、最低限、次のことは決めておきましょう。

・トレード資金
・取引枚数（ロット数）
・ポジションの建て方

この3つを決めておけば、少なくともルールができる前に資金を失うことはありません。すぐに決められるので、今のうちに考えておきましょう。

ルール作りはストレスなしの1000通貨からスタート

　スキャルピングの資金管理は、とてもシンプルです。エントリーからイグジットまで時間が短いため、1回のトレードにおいて損益変動が少ないです。また、勝ちや負けにかかわらず、どれくらいの金額が変動するかわかるため、深く考えずにエントリーできます。

　たとえば、1万通貨で5pipsの勝ちトレードをすれば、＋500円です。10万通貨で-5pipsの損切りだと、-5000円になります。どれくらいの利益確定をするか、もしくは損切りになるのか、エントリーするときに決めなくてはなりません。イグジットするまでの時間が短いため、そのトレードでどれくらいの金額が変動するかを把握してからトレードをする、というのを忘れずにいてください。

　ここで質問です。1回のトレードでどれくらいのマイナスを受け入れることができますか？　もしくは、いくら負けるとプレッシャーになりますか？　これはトレードしてみないとわからないかもしれません。ルールを決めていくうえで、試しにエントリーすることもあるでしょう。試しにトレードするたびに、何千円もなくなっていたら大変です。せめて、数百円にしておきたいですよね。負けてもプレッシャーにならない金額にしておくことが大切です。そうすると、おのずと取引枚数も決まってくるのではないでしょうか。私がおすすめする取引量は1000通貨です。

　1000通貨だと、たとえば米ドル／円で10pips負けたとしても、失う金額は100円です。検証している間は100pipsなどはすぐに負けてしまいます。しかし、-100pipsでも-1000円だけです。1000円も損したくない人もいるかもしれませんが、その場合は1000通貨より少ない取引量でも可能です。けれども、最小取引単位を1000通貨にしているFX業者が多く、それよりも少ない1通貨や100通貨などでは、使えるFX業者が限られてしまいます。また、1000通貨より少ないと、損益変動が数円〜数十円なので、トレードをしているという現実味を感じることが

できません。一方、数百円から数千円の変動があると思えば、少しは気が張ります。ですから、1000通貨でやるのをおすすめしているわけです。

　1000通貨に対する資金は、10万円あれば十分ではないでしょうか。30万円あれば理想ですが、いきなり30万円というまとまった資金をFXの口座に入れるのは抵抗があるかもしれません。そのため、**10万円の資金量で、1回のトレードにつき1000通貨でトレードするのがおすすめです**。もちろん、資金量も取引枚数も、これより多くても少なくてもかまいません。人により準備できる資金量や取引枚数の感覚は違うからです。少なくとも、今は検証する段階であり、儲ける時期でありません。そう考えると、資金量も取引枚数も少なくて十分なはずです。検証中に負けても、あなたのメンタルが崩れない資金量と取引量にしてください。

ナンピンやベッティングは経験値を積んでから

　次は、ポジションの建て方について考えてみましょう。

　FXは、エントリーとイグジットがうまくいけば勝てるものだと思うかもしれません。実は、ポジションの建て方により、勝ちトレードが負けになったり、その逆もあったりします。**テクニカル的には、期待値が高いポイントでエントリーしているにもかかわらず、あなたのポジションの建て方により、それが負けトレードにもなるということです。**

　たとえば、1000通貨でエントリーして利益確定をしたとします。1分後に、もっと儲けたい欲が出て2000通貨でエントリーし、損切りが遅れて大きく負けてしまい、1回目の利益をなくしたうえに、結果として損失を計上するかもしれません。それは、2回目のトレードで気が大きくなって取引量を倍にしたからです。取引量を倍にしなければ、一連のトレードでは利益が出ていた可能性があるのです。

　また、ルールを改善していくうえで、**取引量が毎回違っていると、そ**

のトレードの良し悪しを検証するのが非常に難しくなります。ですから、最初は同じ1000通貨なら1000通貨で、同じ取引量でスキャルピングをするようにしたほうがいいでしょう。同じ枚数なら、利幅と損切り幅の計算が簡単なので、検証しやすいからです。トレードするたびに枚数を変えていると、たとえば1時間トレードをして、獲得pipsはプラスなのに損益はマイナスだった、というわけのわからないことになります。これでは検証が難しいですよね。どこを改善したらいいのかわからず、混乱するのではないでしょうか。

　また、**ナンピンやベッティングシステムはやらないことをおすすめします。**ナンピンとは、損切りをせずに逆方向に行くごとにポジションを増していく方法です。ベッティングは、期待値に応じて取引枚数を変えていく方法です。どちらも検証がしにくくなるので、先述したように1000通貨なら1000通貨で取引枚数は決めておきましょう。ちなみに、私はナンピンもベッティングも使いますが、ありとあらゆる検証をしたうえで、決まったルールのもとで使っています（これからルールを作る方には向いていないので注意してください）。

　ナンピンやベッティングは、どのような場面で枚数を変えたらいいかなど、瞬時の判断と経験が必要です。面白いことは確かなので、まずはルールを作って経験を積み、それから使えるようになってください。そうなると、さらにトレードが楽しくなるので、ぜひそこまでになることを目指してください。

┃ノートの残し方

　イグジットのポイントは正解がなく、相場によって変えていく必要があることは先述したとおりです。ルール化しにくくてアバウトな部分があります。ただ、数pipsの利幅なら3pipsや5pipsの話ですし、いきなり20pipsや30pipsというように何倍も変える必要はありません。損切りも、「逆行したら損切りする」「ローソク足が確定したら損切りする」な

ど、ある程度の基準を決めておけば問題ありません。

逆に、エントリーポイントよりも検証しやすい面があります。たとえば、図5-18を見てください。ポンド／米ドルの5分足です。

▎図5-18　イグジットはエントリーポイントよりも検証しやすい

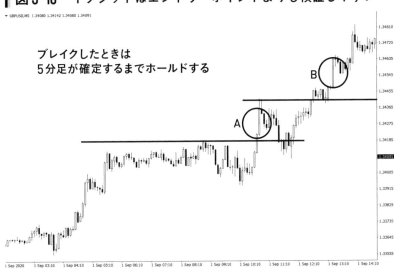

ブレイクしたときは
5分足が確定するまでホールドする

エントリーは、チャートのどのポイントでも可能なため、いかようにもチャート分析が可能です。一方、イグジットはすでにエントリーポイントを決めているため、「どこで損切りすればいいか」「どこで利益確定すれば最大限の利幅が取れそうか」という想定が簡単にできます。

Aの部分では、レジスタンスラインを上抜けしてエントリーし、1分や2分で利益確定するのではなく、5分間ホールドすれば最大限の利幅が取れるとわかります。Bも、長い陽線が出るまで待つことで、利幅が大きくなることがわかります。

このような検証をすると、次に同じような場面でエントリーしたら、長めにホールドしてみたくなるでしょう。それが、3pipsになるか5pipsになるかわかりませんが、検証して実践するというサイクルに

なっています。この繰り返しがルールになるわけです。ですから、こういうときは早く利益確定する、もしくは長くホールドする、などと画像で残していくといいでしょう。

　なお、資金管理は画像で残すよりも、ノートに書きとめるようにしましょう。資金管理はあなたの考え方がもとになっています。考えは目に見えるものではないので、トレードノートにしっかり書いておきましょう。

　まず、どんな資金管理の方法があるのかや、あなたが取るべき管理方法のメリットやデメリットなどを書いてください。トレード資金やロット数など、なぜそうすべきなのかを考えるきっかけにもなります。何となく決めるのではなく、言葉で説明できるくらいでないとダメです。ノートに書くことで、説明できるようになっていくのです。

Chapter

6

勝ち続けるために
絶対に知っておくべきこと

34

前市場の水平ラインは
生命線

簡単で効果があるチャート分析方法は必ず実践する

　FXの市場は、24時間取引が可能で、主に3つの市場に分かれています。3つの市場は、アジア、ヨーロッパ、ニューヨークです。各市場では、相場をけん引する機関投資家の参加者が異なり、相場の流れが市場ごとに変わります。そのとき、前の市場の高値と安値が目先の節目として、特に意識されます。

　また、少し大きな流れだと、前日の高値と安値を意識します。どちらが重要という問題ではありません。際立った高値と安値があり、それが数時間前の前市場か、それとも1日前になるのかということです。何日も続くトレンドが発生したときは、必ず前日の高値や安値を更新するので、もれなく意識しましょう。**トレードをスタートしたら、必ず前市場の高値と安値をチェックし、水平ラインを引いておきます。**水平ラインを引くことは、時間がかからないにもかかわらず、最も効果のあるチャート分析です。

　図6-01は、米ドル／円の15分足です。水平ラインに注目してください。

図6-01　前日の高値や安値は節目として意識されやすい

前日の安値が意識されている

Aは前日の安値です。この価格が意識され、Aの価格帯では何度か売買が拮抗している箇所があります。しかし、売り圧力が勝ったあとは、下降トレンドが発生しました。前日の安値を下抜けさせたくない買い圧力と、下抜けさせたい売り圧力の売買が交錯します。勝敗が決まれば、勝った方向へ進むので、前日の安値が相場の分かれ道になりました。

BやCも同じです。前日の安値をブレイクして下降トレンドが発生し、戻りをつけると安値ができます。それが当日の安値となり、明日には前日の安値に変わります。トレンドは、一方向へ進むのではなく、必ず戻りをつけます。そうすると安値ができます。そして戻りをつけるとそれが高値となり、次ページの図6-02のように、トレンドラインを引けるようになります。

図6-02　トレンドが出たら横と斜めのラインを引く

丸印のように、相場が動きだすポイントはおおよそ決まっています。反転するか、ブレイクするか、このどちらかしかないので、戦略を立てやすい場面です。トレンドが発生しているときは、特に高値と安値が際立つためラインが引きやすく、スキャルピングがしやすいです。

　では、Aを1分足で見てみましょう（図6-03）。ネックラインは前日の安値です。ネックライン付近で売買が交錯するので、買い圧力か売り圧力か、勝った方向へN波動をイメージしていけばいいでしょう。

　このとき、ネックラインにたった1回タッチしただけでは、方向性は決まらないことが多いです。今回も一度で勝敗は決まらず、上下動しながら、徐々に下方向へ進んでいますよね。相場は一度でブレイクすることは珍しく、何度もブレイクをトライして、ようやくトレンドが発生するのが基本です。

　ただし、いつもそうではなく、一度でブレイクすることもあります。トレンドが強く、大きな節目にいるときは、一気に突き抜ける場合があります。図6-04を見てください。先ほどの米ドル／円15分足です。

図6-03　短期トレンドはN波動をイメージ

短期トレンドが出るときは
N波動をイメージする

ネックライン（前日の安値）

図6-04　ブレイクや反転している箇所でスキャルピングができる

A、B、Cでは、下にブレイクするために、何度かサポートラインをトライしています。一度反発し、3回目や4回目でようやくブレイクに成功しています。しかし、Dでは1回できれいにブレイクしていますね。このネックラインは104.50円という強い節目で、大きな相場の分かれ道でした。ここを下抜けすればさらに下降トレンドが加速しますが、もし反発してしまうと、下降トレンドが終了する可能性があります。売りポジションを持っているトレーダーがあきらめて買い戻してしまうと、急騰するかもしれません。そのため、下がってほしい機関投資家が、一気に売りを仕掛けたのでしょう。

　このように、大きな相場の分かれ道となる強いネックラインは、一度でブレイクすることもあります。相場環境を分析し、総合的に判断する必要があるのです。

　スキャルピングでは、**ほんの少し先をイメージすればいいので、いつブレイクするかまで読む必要はありません。** 1回でブレイクするのか、それとも4回目でブレイクするかなど、正直わかりません。目の前にあるローソク足が、上か下のどちらに動きやすいか、数秒から数十分のイメージができれば問題ないです。普段は数分のホールドを基本としている方も、このような大きな節目では数秒のスキャルピングに徹するなど、場面に応じてスキャルピングの方法を変更するのもいいでしょう。逆に、大きな利幅を取りたいなら、いつものホールド時間より伸ばすなど、ストレスがなくイメージしやすい方法でトレードすることが大切です。

前日の節目とインジケーターを組み合わせると信頼度が上がる

　別の場面を見てみましょう。図6-05は、ポンド／米ドルの5分足で、MACDを表示しています。Aではどうなったでしょうか？

図6-05　前日の高値に水平ラインを引いたチャート

正解は、図6-06のように下落していきました。

図6-06　MACDのゼロレベルラインと反落が重なる

前日の高値は意識される価格帯ですから、ネックラインが引けます。すると、上にブレイクするかどうかのポイントだとわかります。Aで反落したので、1回目の上値トライは失敗です。そうすると可能性としては、再度上値トライをして上げはじめるか、いったんあきらめて下げるかのどちらかです。

　ローソク足だけでは判断できないので、MACDをチェックしてみましょう。Aで反落したあと買い圧力が弱まってきたので、ゼロレベルラインを下抜けしました。そうすると、確率的には下げるほうが高くなるので、売りポジションを持つのが正解です。

　ちなみに、このチャートは金曜日の日本時間夜間のものです。原稿を書いているときは最新の時間だったので、この先がありませんでした。翌日チャートを見ると、この先はさらに30pipsほど下落して1週間を終えました。前日の高値ブレイクは、翌週に持ち越しです。Aでぴったりとタッチしてから反落したので、誰が見てもブレイク失敗だとわかります。そうすると、翌週はさらに強い節目となるでしょう。

The 1 Minute Scalping. Entry & Exit Practice Notes

Chapter
6

勝ち続けるために絶対に知っておくべきこと

35

1分足のS波動で
波を切り取る

ネックラインの役割はサポートとレジスタンスの2つ

　レジスタンスラインは、上にブレイクするとサポートラインに役目が
変わります。S波動とは、この役割が変わったときにラインが機能して
N波動が出ることです。図6-07を見てください。

図6-07　S波動はネックラインの役割が転換する

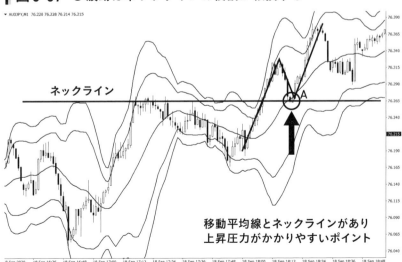

豪ドル／円の１分足に、ボリンジャーバンドを表示しています。まず、ネックラインが引けます。Aにくる前は、ネックラインはレジスタンスの役割でした。しかし、レジスタンスを上にブレイクすると、今度はサポート帯として機能し、Aで反発しました。同じネックラインでも、レジスタンスからサポートへ役割転換しています。

　S波動は、Aにきたときに、ネックラインがサポート帯になって買い圧力が働き、さらに高値を更新して、最終的にN波動になることです。前日の高値や安値といったネックラインをブレイクしたとき、そこからトレンドが出るのか、それとも反転するのか、判断するのは難しいです。そこで、Aのように、ブレイク後に迷っていてネックラインまで戻ったとき、S波動を想定すると、トレードしやすくなります。

　逆に、Aのポイントでネックラインを下抜けしてしまうと、ブレイク失敗となりトレンド発生はお預けになることが多いです。すべてS波動になるのではなく、機能しないことも考慮しておくことが大切です。

　確率を上げるためには、他のテクニカル分析を組み合わせることは、これまでに述べたとおりです。今回はボリンジャーバンドを表示しています。ネックラインを上抜けしたあとにAまで落ちたとき、移動平均線にぶつかっていますね。そのため移動平均線がサポートになり、上昇する可能性があります。同時に、ネックラインもサポートの役割をするので、根拠が２つ発生した形になります。上がるか下がるかといったら、確率的に上がるほうが高いでしょう。

　実際にAから上げはじめたら、買い戦略を続ければいいでしょう。もしAでネックラインを下に割ってきたら、イメージと異なるので、買い戦略をやめればいいだけです。買いポジションがあれば、損切りをします。大事なことは、**損切りを恐れるのではなく、イメージと異なったらしっかり損切りをすることです。すべての相場でイメージどおりになることは絶対にないので、逆行する想定も必要です。**テクニカル分析を組み合わせれば、確率はより高くなります。それでも100％予測するのは不可能です。

横と斜めのラインを引くことが重要

図6-08を見てください。ユーロ／円の1分足に、移動平均線を表示しています。Aではどのようなイメージが持てますか？ ①、②、③のネックラインを見ながら一緒に考えてみてください。

図6-08 S波動になっていない相場を予測してみる

①の丸印ではS波動になるかどうかのポイントでした。しかし、ブレイク後、1分もたたずにネックラインを下に割りました。ブレイクが失敗し、上ヒゲになりました。②も同じで、丸印のネックライン付近で数分間もみ合いましたが、長い陰線が出てブレイクが失敗しています。

どちらもきれいなS波動になりませんでした。特に②は移動平均線もパーフェクトオーダーで、押し目となるイメージができますが、ブレイクに失敗しました。それを踏まえて、Aを考えてみましょう。結果は次ページの図6-09です。

図6-09 すべてのネックラインがS波動にはならない

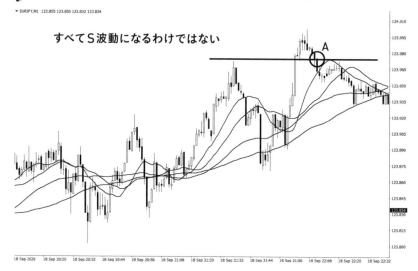

　Aの箇所はネックラインがサポート帯になるので、反発する可能性が想定できます。また、移動平均線もパーフェクトオーダーです。しかし、①、②に続き、今回も一度ではブレイクしませんでした。このように、S波動と他のテクニカル分析を組み合わせても、すべてがイメージどおりに進むとは限りません。このような事態は、毎日のようにあるので、当然だと考えたほうがいいです。勝てるポイントだけを抜粋し、こうすればスキャルピングで勝てる、などというつもりはありません。

　ではどうすればいいでしょうか？　何度も書いていますが、損切りをすればいいだけです。そして、ラインを引き直すなど、テクニカル分析の見方を変更する必要があります。**イメージと異なったとき、「どうしよう」と嘆くのではなく、損切りをしてすぐに立て直すようにしてください。**

　図6-10を見てください。同じ1分足チャートです。

図6-10　チャネルラインで推移していた相場

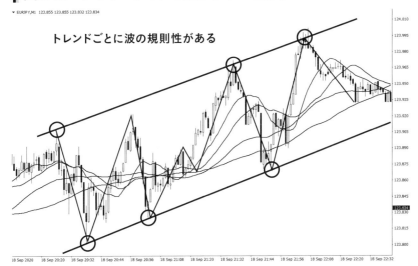

トレンドごとに波の規則性がある

　水平ラインではなく、斜めのラインを引くと、実は高値と安値を規則的に切り上げていて、チャネルラインが引けました。真横のネックラインを引き、**そのネックラインをブレイクするたびにＳ波動が出ていたら、相場は強い上昇トレンドばかりになってしまいます。**今回はネックラインのＳ波動は出なくても、チャネルラインのように、ゆっくりと高値と安値を切り上げる上昇トレンドの波が出ています。これはこれで規則性があるので、短期トレンドの波といえます。

　自分が使うテクニカル分析だけが、いつも機能するわけではありません。まったく活用できないときもあるので、そのときは違う角度のラインを引き直すなどの対応をしましょう。そうすると、同じ目線を継続すればいいのか、それとも目線を逆にしたほうがいいのかなど、リアルタイムで考えることができます。買いで損切りしたなら、様子見か、売り目線に変更か、それとも買い目線継続か、テクニカル分析を駆使して考えながらスキャルピングをしましょう。横の水平ラインだけではなく、斜めのトレンドラインも引くことが重要です。

36

時間帯別の特徴を把握して 利益につなげる

値動きが激しくなる3つの市場の午前中が稼ぎどき

　時間帯別の値動きの特徴をとらえることで、利益を上げることも可能となります。まず、自分がトレードする時間帯を決めます。トレードできる時間帯は、ほぼ決まっているはずです。今日は午前中トレードし、明日は夜中、明後日は夕方だけトレードするというように、毎日トレードする時間帯がバラバラの方は少ないと思います。私がスキャルピングをはじめたころは兼業だったので、帰宅後の21 〜 25時くらいの4時間前後でした。当時の私と同じように、毎日同じ時間帯で2 〜 4時間ほどスキャルピングができるのが理想です。帰宅後で疲れていたとしても、2時間は確保したいところです。

　また、FXは時間帯により相場の特徴が大きく異なります。そのため、トレードする時間帯がバラバラだと、値動きが違うので、混乱することになります。自分がトレードする時間帯に合わせたトレードルールを作ることが大事です。

　日本時間の午前中と夜間では、ボラティリティも値動きの様相も異なります。トレードルールは、時間帯の値動きの特徴と、これまでのテクニカル分析を組み合わせて総合的に判断しながら作ってください。

FXは24時間取引が可能で、主に３つの市場に分かれます。

・9〜15時　アジアタイム
・15〜21時　ロンドンタイム
・21〜翌日6時　ニューヨークタイム

なかでも各市場の前半がとても重要です。

・9〜12時　アジアタイム
・15〜19時　ロンドンタイム
・21〜26時　ニューヨークタイム

この時間帯は、各市場の機関投資家が参加しはじめるため、売買量が急増して相場が動きます。テクニカル分析も行ないやすく、利益を上げやすい時間帯です。可能なら、この時間帯のうちのどこかでトレードするのが理想です。仮にこの時間帯にトレードできなくても、どのような値動きだったのか、チャート分析はしっかり行ないましょう。

┃ アジアタイムは9時55分の「仲値」が重要

日本の証券取引所は9時にオープンします。それに合わせて為替市場も動き出すことが多いです。9時前は売買が少なく、値動きも膠着していることがほとんどです（動くときは大きく動きますが、一過性の急騰や急落で終わってしまうため、タイミングを測るのが難しいです）。

また、どのFX業者もこの時間はスプレッドが開いています。日本時間の早朝から9時にかけては、スキャルピング向きではありません。私も9時前にスキャルピングをすることはありません。アジアタイムでトレードする通貨ペアは、米ドル／円、豪ドル／円、豪ドル／米ドルがいいでしょう。そして、アジアタイムで重要なのは9時55分の「東京仲値」です。

仲値は、ある１日の参考為替レートを決める時刻です。そのため、仲値前後では売買が増加し、一時的にどちらかに動く可能性が高いです。仲値まで動く場合と、仲値後に動くパターンがあります。ただし、そのままトレンドが出続けるとは考えないほうがいいでしょう。ロンドン時間で反転することも多いです。スキャルピングだと、ロンドン時間のことまで予測せずに済むので、ちょうどいいトレードスタイルです。

　では、仲値についてチャートを見ていきましょう。図6-11は、ドル円の15分足です。３日分のチャートで、A、B、Cがそれぞれ９時55分の仲値です。

▌図6-11　アジアタイムの仲値が１つの区切りとなる

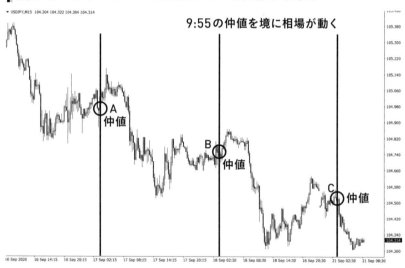

　全体的に下降トレンドです。A、B、Cの直後に下降トレンドが発生し、安値を更新していることがわかります。Aでは仲値のあとに上昇しましたが、上ヒゲになって下落しました。そのまま安値を更新したので、仲値をきっかけに方向性が決まったといえるでしょう。Bも同様に、仲値後に少し上昇しますが戻り高値となり、下降トレンドに回帰し

ています。Cは仲値をきっかけに急落して下落していきました。

　このように、**仲値前後ではボラティリティが高まり、上昇か下降のど
ちらかに傾きやすくなります。**ただし、すでに触れたように、ロンドン
時間もその流れが続くと考えないほうがいいです。今回も、仲値後に下
降トレンドが発生していますが、ロンドンとニューヨーク時間では下げ
ることなく、もみ合いか、やや上昇して戻りをつけています。仲値後に
方向性が出やすいからといって、その日ずっと同じ流れだとは限りませ
ん。ただ、アジアタイムにスキャルピングをする場合は、その場で売買
は完結するので、次の市場は考えずに、目の前の値動きだけを見ていれ
ばいいでしょう。

　では、Bの箇所を1分足でくわしく見てみます。図6-12です。仲値
で長い陰線が出ました。そのあとのAでは、どんな値動きがイメージで
きますか？　何十分も先を考えるのではなく、数分先をイメージしてみ
ましょう。

図6-12　仲値後の相場をイメージする

図6-13になりました。まず、Aが直近の高値なので、ネックラインが引けます。ここでは仲値でAの高値にタッチし、長い陰線が出たと認識できるかどうかが重要です。ネックラインにタッチして反落したので、高値のトライに失敗し、一時的に下げる可能性がイメージできればいいでしょう。そうすると、仲値後は陽線と陰線のどちらの可能性が高いでしょうか？　陰線ですね。もちろん、陽線が出てBを大きく上にブレイクするかもしれませんが、確率で考えてください。陽線か陰線かといったら陰線のほうの確率が高いので、仲値後の9時56分ではショートをイメージできればいいということです。

▎図6-13　仲値後、ローソク足とネックラインでスキャルピング

別の場面を見てみましょう。図6-14はドル円の1分足で、移動平均線を表示しています。9時から急落し、仲値のAまで戻りをつけました。そのあとの値動きをイメージしてください。なお、図6-15は同じ場面の5分足のチャートですが、そちらの流れもチェックしてみてください（右端に1分足と同じ箇所の仲値があります）。

図 6-14　午前中の特徴を考えて相場を予測

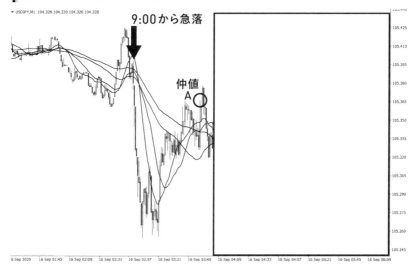

図 6-15　１分足だけでなく５分足で流れを把握する

　１分足の結果は図6-16です。ここでは、１分足でネックラインを引けるかどうか、そして５分足で下降トレンドであることを認識できるか

図6-16　仲値付近にネックラインを引くと流れが把握しやすい

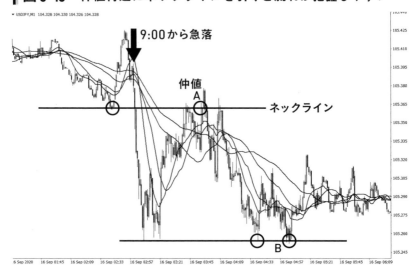

どうかが重要です。1分足だけを見ていると、次の動きをイメージしにくいですが、5分足もチェックすることで突然目の前が明るくなったように感じませんか？　5分足だと下降トレンドが明確で、戻りをつけた場面が仲値でした。そのため、戻りからの下降トレンド回帰が想定できます。

　さらに、1分足ではネックラインが引け、下落する可能性が高くなります。ここでも、**上昇か下落のどちらの可能性が高いかを考えることが重要です。**数時間後のローソク足の位置を予測するのは無理なので、あくまでも自分がエントリーからイグジットするまでの数分単位でいいでしょう。

　今回は、下降トレンドである5分足のほうがイメージしやすいかもしれません。その場合は、5分足で数本、たとえば5本（＝25分）で陰線が多くなるのをイメージし、ショート中心のスキャルピングをしてみるのもいいでしょう。

　ちなみに、Bで反発したので戻りをつける可能性が想定でき、ここではいったんロングもできます。仲値後から5分足のトレンドに沿って高

値と安値を切り下げ、Bの重要なサポートラインで2回反発しました。ここを下抜けするか、それとも反発が継続するのかの値動きは、次の市場へ持ち越しです。アジアタイムで短期下降トレンドが発生し、このトレンドでスキャルピングをしましたが、ロンドン時間はどちらに動くかわからないので、そのときにまた戦略を立て直します。

┃ロンドンタイムの前半は欧州通貨が動き出す

15 ～ 19時がヨーロッパの午前中で、この時間が為替市場で一番の売買高があります。そのため、ひとたびトレンドが出ると値幅を伴うことが多く、ボラティリティが高まるので、スキャルピングのチャンスが増えます。

アジアタイムに発生したトレンドが、ここで反転することがあります。逆に、アジアタイムのトレンドが加速し、大きなトレンドになることもあります。こればかりは、どちらになるかわかりません。しかし、大きく動く時間帯という心がまえがあるだけでも、スキャルピングに集中できます。また、ロンドンタイムだからといって、アジアタイムとまったく違うトレードになるかというと、そんなことはありません。値幅や動く通貨ペアが違うだけです。ここでの通貨ペアは、ユーロ／米ドル、ユーロ／円、ポンド／米ドル、ポンド／円がいいでしょう。

図6-17は、ポンド／円の1時間足です。

図6-17　安値更新を継続している相場でスキャルピング

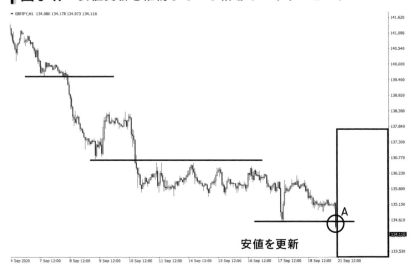

図6-17　安値更新を継続している相場でスキャルピング

2週間ほど下降トレンドが継続し、Aでは安値を更新しました。このあと、どのようなスキャルピングができるか、図6-18の1分足をチェックしてイメージしてみましょう。

16時ごろからロンドン勢が参加し、下降トレンドが発生しました。MACDもゼロレベルラインより下で推移しています。また、ボリンジャーバンドはバンドが拡大し、移動平均線も下向きです。Aはネックラインを下抜けしたあとです。そのうえで、Aに入ったときに陽線と陰線のどちらがイメージできますか？

図6-18　インジケーターを使い1分足でくわしく分析する

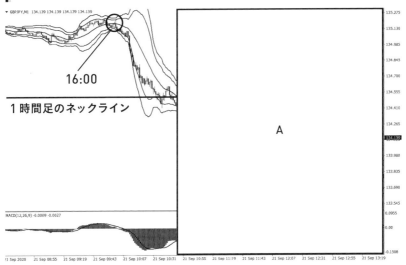

結果は次ページの図6-19になりました。

図6-19　トレンド継続中はスキャルピングがたくさんできる

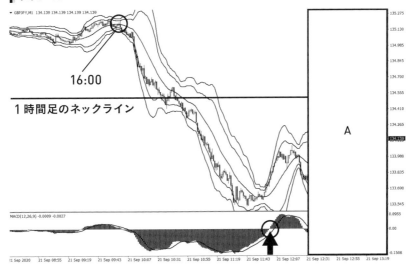

ボリンジャーバンドとMACDの２つのインジケーターは下落の最中
でした。そして、下げはじめたのが16時に入ってからのロンドンタイム
です。**ロンドンタイムは短期トレンドが発生しやすく、機関投資家が上
下どちらかに無理やりにでもトレンドを発生させようとします。そのた
めよく値動きする時間帯です。**そのうえで、ネックラインを下抜けした
ので、上昇か下落か、どちらが確率的に高いかといったら、下落ではな
いでしょうか。そこで、下目線でショートをしていけばいいでしょう。

　では、さらに先のAではどのようなイメージができますか？　MACD
は矢印の箇所で、ゼロレベルラインを上抜け、戻りをつけたあとです。
　結果は図6-20になりました。

▍図6-20　ネックラインとインジケーターでスキャルピング

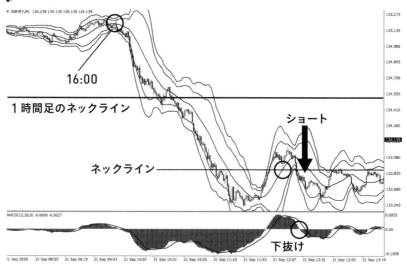

　戻りをつけ、新たにネックラインを下抜けして、MACDのゼロレベ
ルラインも下抜けしました。これで、下降トレンドに回帰する可能性が
高くなったので、下目線でスキャルピングができるのではないでしょう
か。

　ちなみに、チャートの右端が19時30分です。ロンドン前半で下降トレンドが発生し、ニューヨーク勢が参入する少し前の19〜21時ごろはレンジになることが多いです。そして、ニューヨーク前半で新しい短期トレンドが発生するイメージを持つといいでしょう。

ニューヨークタイムの前半はどの通貨ペアもよく動く

　21時ごろからは、欧米の投資家が集結する時間帯です。ロンドンタイムの流れを継続するのか、それとも反転するのかを意識しましょう。レンジになるにしても、上下に乱高下することが多く、アメリカの経済指標も多い時間帯です。値動きの特徴は、アジアタイムよりボラティリティは高く、ロンドンタイムと近い感覚でいいでしょう。

　世界の基軸通貨であるドルがよく動くので、どの通貨ペアでもトレード可能です。米ドル／円、ユーロ／米ドル、ポンド／米ドル、豪ドル／米ドルなどのドルストレートは当然動き出します。ドルストレートにつられて、ポンド／円やユーロ／円、豪ドル／円などのクロス円も動きます。クロス円主体で、ドルストレートが引っ張られることもありますが、それは相場次第です。とにかくよく動く時間帯だと理解してください。それだけ、チャンスも多いからです。

　次ページの図6-21は、ユーロ／米ドルの5分足です。9時前後は、もみ合いのあとに下降トレンドが出ました。16時30分に安値をつけ、20時が戻り高値となっています。そのあとのAはどうなりそうでしょうか？　まず大局をつかむために、ラインを引いてイメージしてみます。

図6-21　１日の時間を意識して相場を予測

　図6-22がラインを引いたチャートです。高値、安値、そして節目となっている価格帯をチェックします。今回は下降トレンドラインとネックライン2本が引けました。ラインを引いてみて、どのような印象を受けますか？　ネックラインは上抜けと下抜けを繰り返しているので、上昇とも下落ともいえません。ただし、高値を切り下げているので、上昇トレンドではないことは確かですね。どちらかというと、やや下方向です。Aでは節目となるネックラインを下抜けし、下げが加速しました。

　実際にスキャルピングをするとき、Aの場面では下方向へ行くかどうか、微妙なところでしょう。では、どうすればいいでしょうか？　もっとくわしく1分足で見てみます。234ページの図6-23です。まず、ネックラインを下抜けしていることを確認します。何度かネックラインにタッチしていますが、ここを上抜けしたら、ひとまず下目線を解消するのがいいでしょう。ネックラインより下にいる間だけショート戦略にすると、連敗がなくなります。もし上に行った場合は、数回の損切りはあるかもしれませんが、それは仕方のない損切りです。確率的に下へ行くほうが高いので、その確率に従ってスキャルピングをするだけです。

図6-22 横と斜めのラインを引いてチャート分析

　Aで反落したあと、長めの陰線が出ました。この長い陰線を待つと、下方向のイメージができるのではないでしょうか。１ ～ ５まで５つの四角がありますが、それぞれ５本のローソク足が入ります。上記１分足だと25本分のローソク足で、５分足だと５本分です。戻りをつけながら、高値と安値を切り下げています。

　結果は、次ページの図6-24を見てください。１ ～ ５までそれぞれ５本のローソク足があり、25分間のチャートです。５分の間では陽線と陰線が混在していますが、下げている箇所は陰線のほうが多いか、長い陰線があります。３と４は戻り場面です。１は５分足で陰線、２は５分足で陰線、３は陽線、４は陽線、５は陰線です。すべてのローソク足をイメージできるわけではありませんが、下目線でさえいれば勝ち越せる可能性は高いでしょう。**１分足と５分足のどちらでスキャルピングをするかは自由ですが、より鮮明にイメージできるかがポイントです。**５分足で陰線をイメージすれば、５分間はポジションをホールドしてもいいですし、１分足なら５分の間に数回スキャルピングをしてもいいです。

図6-23 1分足と5分足でくわしくイメージする

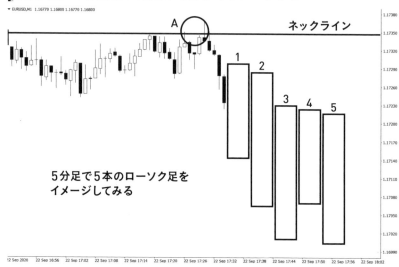

5分足で5本のローソク足を
イメージしてみる

図6-24 1分足5本分が5分足を構成するイメージ

高値と安値を切り下げている

　今回は、アジアタイムからロンドンタイムにかけて下げていたことに
加え、高値を切り下げてさらに節目となるネックラインより下にきてい

たので、下目線でした。事前のチャート分析をすることなく、図6-24
の流れを想定することは不可能です。１分足を見ていきなりローソク足
をイメージするものではなく、アジアからロンドン、ニューヨークにか
けて１日の流れが頭に入っているからこそ、目の前にある１分足や５分
足のイメージができるのだと認識してください。

「ロンドンフィックス」は１日の締めくくりとなる時間

　ロンドン市場の仲値を、「ロンドンフィックス」といいます。アジア
タイムの仲値と同じで、その日の参考為替レートを決める時刻です。ロ
ンドンフィックスは、日本時間の25時（サマータイムは24時）で、こ
の前後は相場が動きます。この前にはニューヨーク株式市場がはじまる
時刻、ニューヨークカットオプションがある時刻など、相場の急変に注
意です。イベントをまとめると、次のとおりです。

・米株式市場：日本時間23時30分〜（サマータイムは22時30分〜）
・ニューヨークカットオプション：日本時間24時
　（サマータイムは23時）
・ロンドンフィックス：日本時間25時（サマータイムは24時）

　為替に影響を与えるイベントであることは確かですが、トレンドが出
やすいとか、どちらに動きやすいなどの特徴はありません。重要な経済
指標のようにかまえる必要はなく、通常どおりにスキャルピングをして
いればいいでしょう。動いたらトレードすればいいので、市場がどう反
応するのかを静観できます。ポジションのホールド時間が短いトレード
スタイルのメリットといえるでしょう。
　次ページの図6-25は米ドル／円の１分足に、移動平均線を表示して
います。

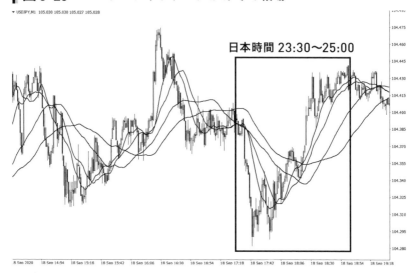

　このチャートは、一般的なニューヨークタイムの動きです。上下に動
き、ボラティリティは高いですが、23時30分〜25時までの間だけが特
別な動きをするわけではありません。売買が活発なので、売りと買いの
バランスが崩れればトレンドは出やすいです。それが、ニューヨーク株
式市場のオープンが要因なのか、ロンドンフィックスに向けた売買なの
かはわかりません。欧米の機関投資家が参加する動きやすい時間帯であ
る、という認識で十分でしょう。ただ、まったく影響がないわけではあ
りません。月末のロンドンフィックスは大きな注文が入るなど、急変す
ることもあるので、時間帯だけはよく覚えておいてください。

時間帯を意識した応用問題

　それでは、ニューヨークタイムの相場を見てみましょう。図6-26
は、米ドル／円の１分足に移動平均線を表示しています。矢印の箇所で
経済指標の発表があり、直後に長い陰線が出ました。Aは隠しています
が、104.80円のネックラインまで下げていきました。この下落のプロセ

スをイメージしてください。米ドル／円は、「.00円」「.80円」「.50円」という価格に注文が多く入るので、サポートラインやレジスタンスラインになりやすいです。

図6-26　経済指標後の１分足でスキャルピングを想定

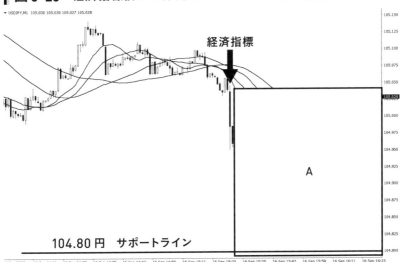

104.80 円　サポートライン

　結果は次ページの図6-27です。経済指標後の長い陰線だけで下落のローソク足をイメージするのは難しいですが、３つのパターン（上昇、下落、横ばい）がイメージできれば問題ありません。長い陰線が連続し、104.80円まで到達するかもしれません。今回のように、移動平均線がパーフェクトオーダーになって戻りをつけ、ネックラインでＳ波動になって（Ｂの箇所）104.80円というサポートラインまで到達し、Ｎ波動が完成する場合もあります。経済指標後の安値Ａがネックラインです。Ｂまで戻したとき、Ａのネックラインがレジスタンスになっていますね。このようなＳ波動が出ると、Ｂからスキャルピングがしやすいです。

図6-27　経済指標後は短期トレンドが出やすいのでチャンス

　ロンドンタイムは、これからトレンドが出るイメージでした。ニューヨークタイムの前半の21〜23時ごろまでは、トレンドが継続するか止まるか、意識しておくといいです。しかし、23時以降は新たなトレンドを狙うよりも、経済指標などの短期的な値動きでスキャルピングをするイメージがいいでしょう。

　また、経済指標後の短期トレンドは、利幅を取るようにしましょう。たとえば同じポジションを1分ホールドしても、ローソク足が長ければ利幅は大きくなります。数pipsの含み益が出たからといって、いつも利益確定してしまうと、利幅があるトレードがゼロになってしまいます。大きく動く可能性があるときは、なるべく利幅を伸ばすようにしましょう。

　ここまでが1日の流れです。アジアからはじまり、ロンドンとニューヨークで短期トレンドが発生します。そして、ロンドンフィックスの25時でひとまず終了です。このあとはニューヨークの午後になりますが、あまり動かないまま日本時間の早朝になることが多いです。睡眠を

削ってまでチャンスの少ない時間にトレードする必要はありません。**25時以降は、乱高下していなければトレードを終了するようにしましょう。いいトレードを継続するためにも睡眠は大事です。**

　なお、アジアタイムでも、ポンドやユーロが動くこともあります。また、ニューヨークタイムでも、豪ドルが動くこともあります。普段動かない通貨ペアが予想外の時間帯に動いたときは、何かしらの突発的なニュースが出たか、他の通貨ペアが急騰や急落し、それにつられて動いている可能性が高いです。普段とは違う値動きなので、下手に手を出して負けないようにしてください。

　別の場面を見てみましょう。図6-28はポンド／円の５分足です。普段ならあまり動かないアジアタイムの10時ですが、動き出しています。ラインを引いてAをイメージしてみましょう。なお、前日の16時から２時間ほど急落しており、その戻りという場面です。

図6-28　急落後の戻り場面でその後をイメージする

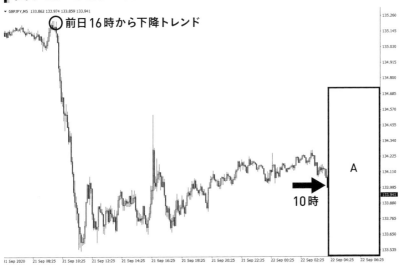

ラインを引いたのが次ページの図6-29です。横と斜めのラインがい

くつも引けますね。これだけラインが引けるうえ、前日からの下降トレンドの戻り場面です。Aでは水平ラインとトレンドラインが交わっており、いわば最後のサポート帯といえます。ここを下抜けしたので、次の安値まで下げるイメージができます。実際、Aを下抜けしたら下落が加速し、長い陰線が出ています。

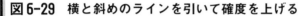

図6-29　横と斜めのラインを引いて確度を上げる

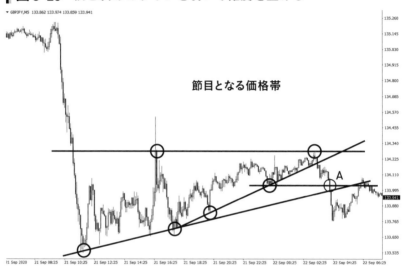

さらに細かく1分足で見てみましょう。図6-30です。

　5分足をチェックしたうえで1分足を見ると、Aでネックラインを下抜けすると下落するというイメージが持てるかもしれません。買いを支えるサポート帯がないことがわかります。こういうチャートは、壁を突き抜けたら、あとは一気に落ちるしかありません。また、普段は動かないアジアタイムなので、何か下落する材料が出た可能性もあります。これがロンドンやニューヨークタイムなら、ネックラインを下抜けしても下落しないことも考えられます。しかし、アジアタイムにネックラインを下抜けしているので、何か強い売りでも入ったのでしょう。そうなると、急落も予測しておくべきです。

図6-30　5分足のあとは1分足でこまかくチェックする

では、その後どうなったのか、図6-31を見てみましょう。

図6-31　アジアタイムにポンド／円が下落した1分足

Aのあとは長い陰線が出て下落していきました。ただ、下落しているものの、10分程度で終わったので、大きなトレンドにはなりませんでした。急落を想定するのは大事ですが、アジアタイムにネックラインを抜けたらすべてが急落するわけではありません。短期下降トレンドは陰線が続くので、ポイントを絞ってここでスキャルピングをするのがいいでしょう。

　スキャルピングは、時間帯と通貨ペア、1分足と5分足、さらに上の上位足を見ながら総合的に判断します。トレンドが出ると思っても、ダマシに終わることも多いです。どこからトレンドが発生し、どこまで続きそうか、ポイントを絞ったメリハリのあるトレードが求められます。
　また、インジケーターを使っているなら、テクニカルを組み合わせてチェックするようにします。エントリーするときは、2つ以上の根拠を見つけることを忘れないようにしてください。

37

上位足の反転ポイントを
見つけておく

┃ 上位足と同じ流れを把握してからトレードするのが基本

　最後に、基本に立ち返って、上位足の流れは常に把握しておくことを
振り返ります。これまでに触れたように、トレード前には必ず大局は理
解しておくべきです。また、思っていたとおりに相場が動かず、損切り
になって目線を変更するときは、上位足の大局から分析することがおす
すめです。森全体を把握せず、一部の木だけをいくら見ても、どの方向
へ向かおうとしているのかわかりません。大きな流れを必ずつかんで、
それから立て直すようにします。損切りが連続すると、思うようなト
レードができないと焦ります。ちょっとした焦りがあると、気持ちがう
わの空になったり、テクニカル分析が頭に入ってこなかったりするな
ど、集中力が欠けます。そのようなときこそ、大局からゆっくり分析す
るのです。

　まず、トレード前に、日足や4時間足でレジスタンス帯とサポート帯
をチェックし、あらかじめネックライン引いておきましょう。やはり、
これが基本です。
　次ページの図6-32は、ユーロ／米ドルの4時間足です。

図6-32　４時間足レベルのラインを引いておくと流れがわかる

反発か、下にブレイクするか、
準備ができる

　Aでは何回か下抜けできなかった価格帯に差しかかっています。これ
だけでも反発するか、それとも下にブレイクするかどうかの準備ができ
ます。どちらかわからなくても、売買が拮抗して乱高下しやすい場面に
差しかかっていると認識できます。要は心の準備です。レンジだと思っ
ていて乱高下するのでは対応ができないでしょう。動くと思ってそのと
おりになれば、焦ることはなくなります。

　次は、どのように動くのかを、下位足でイメージしていきます。図6
-33は、Aのポイントを5分足にしたチャートです。

図6-33　5分足でくわしく見ていく

A では長い陰線が出て一時的に下抜けました。結果、下ヒゲになり、再びサポートラインの内側に上げていきました。ここでは、サポートラインが引けていないと、何が起きているかわからないでしょう。ラインがあるからこそ、下抜けか、それとも反発するかの準備ができるのです。

AはS波動が出かけたので、そのまま下げるイメージをするかもしれません。何度か損切りになるでしょうが、サポートラインを上抜けして内側に入ったあとは、下目線から上目線に変更できれば問題ないでしょう。そのあとは、他のテクニカル分析を組み合わせるなどして、ローソク足1本ごとにエントリーするのか、シグナルが出るまで待つのかは自由です。A付近では、トレードの勝ち負けが混在するかもしれませんが、方向性が出たAのあとは、反発の上目線を持てば、陽線をイメージしてロングを中心に勝ち越しできるのではないでしょうか。5分足だけでなく、4時間足を見ていれば、Aで反発すればしばらく上昇すると予測できます。スキャルピングだと、ローソク足が確定するごとに目線に変更ができるなど、柔軟に対応できるのがメリットです。これも、**上位足で「相場の分かれ道である」と認識できていたからできることです。**

スキャルピングは何時間も先を予測する必要はない

　別の場面を見てみましょう。図6-34はポンド／米ドルの４時間足です。直近の安値に差しかかり、ネックラインが引けます。Aのあとどうなるか考えてみましょう。

　しかし、この情報だけではなかなかイメージできません。４時間足なので、ローソク足が１本確定するのに４時間もかかります。何本も予測するとなると何十時間先のことです。これから数分前後のスキャルピングをするのに、そこまでイメージするのはちょっと厳しいです。

図6-34　４時間足でネックラインにぶつかった相場を予測

　では、Aのポイントを５分足で見てみましょう。図6-35です。

図6-35　5分足でくわしく見てイメージする

ネックライン

A

これだと4時間足だけ見ているよりイメージできそうです。ここで
も、「上げる」「下げる」「横ばい」の3つのパターンがイメージできれ
ばいいです。

Aの手前で何度かネックラインで反転しているので、このネックライ
ンが意識されていることがわかります。ただし、長いローソク足が出て
いるわけでもなく、買いと売りのバランスが崩れているわけでもなく、
また売買が急増している様子もなさそうです。そのため、急騰や急落が
Aでいきなり起こる確率は低いでしょう。

ネックラインでぴったり反転しているので、下抜けしたら自然に下
落、反発して上げはじめたら上昇するかもしれません。ここでも**重要な
のは、イメージすることです。そして外れてもいいので、自分で考える
ことです。そうすると、利益確定も損切りも抵抗なくできるようになり
ます。**何のイメージもなしに、そのときの勘だけでエントリーすると、
イグジットができなくなります。

では、その後どうなったかを見てみましょう。次ページの図6-36で

図6-36 トレンドが出るとＳ波動を描く

す。

　ネックラインを下抜けして、Ｓ波動が出て下落していきました。４時間足のサポート帯だったので、方向性が一度決まれば４時間足レベルの下降トレンドが出る可能性があり、しばらく下げる確率が高いです。

　５分足だけを見ていると、ネックラインを下抜けしたからといって下降トレンドが継続するかはわかりません。しかし、**４時間足も同じ方向性なので、しばらくは売り圧力がかかる想定ができます。**ちなみに、４時間足は図6-37のようになりました。

図6-37　4時間足のローソク足まで予測する必要はない

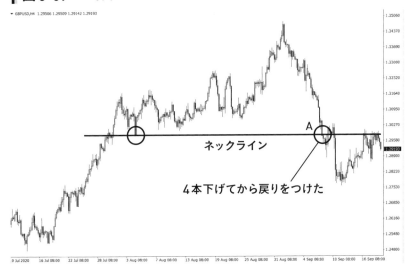

　Aでネックラインを下抜けしたあと、4本分下げてから戻りをつけました。ネックラインを上回ったため、もしかして目線が間違っていると感じるかもしれません。しかし、ネックラインを下抜けした直後は、4時間足で4本分下げているので、16時間は下降トレンドでした。そのときスキャルピングをしていれば、たとえば集中して3時間トレードしていたら、下降トレンドが続いていたので下目線でよかったことになります。

　スキャルピングでは、4時間足で何本も先のローソク足を考えてなくてもいいのです。5分足でトレンドかレンジかを予測し、次のローソク足が陽線か陰線かを考えるだけでいいわけです。目先のローソク足がどうなるか、という点だけにフォーカスしましょう。

トレードルールを作るには短期集中がおすすめ

　ここまで、チャート分析でルールを作る方法を見てきました。

・エントリーポイント
・イグジットの考え方
・資金管理方法
・時間帯別の知識

　エントリーポイントをつかむためには、ラインやインジケーターを組み合わせ、タイミングを測ります。イグジットは、pipsや時間にフォーカスするやり方を見てきました。また、資金管理方法や市場ごとの見方など、どれもトレードで大切な知識です。ただし、焦らずに1つひとつ取り組んでいきましょう。まずはこれからしっかりトレードノートを取り、チャート画像を残す作業からスタートしてください。そして、ルールを作ったら定期的に検証し、改善して実践するのです。

とにかく実践あるのみ

　為替市場は何百年という歴史がありますが、値動きの本質は変わりません。売買しているのは昔も今も人間です。人間の欲や投資心理はいつの時代も同じであり、参加者が入れ替わっているだけです。ですから、値動きの本質は昨日と今日で何ら変わりません。毎日値動きを見ていれば、「FXの値動きはこんな感じなんだな」と全体像がわかってきます。どんな場面で大きくブレイクするか、トレンドが止まる箇所はどこかなど、相場の分かれ道はなんとなくつかめるでしょう。そうしたら、簡単でいいので決めごとを作り、実際にトレードしていきましょう。

　スキャルピングで勝てるようになるには、とにかく実践あるのみです。だらだらと何年もかけて一発で完璧なトレードルールを作ろうとするのではなく、大雑把なルールでもいいのですぐに動き、その結果を改善していくことです。トレードルールは改善ありきです。別に最初は勝てなくてもいいのです。それよりも、あなた自身がルールを決め、それに基づいてトレードをすることが大切です。まずは、決めごとを短期間で決めてしまいましょう。

おわりに

　最後まで読んでくださり、ありがとうございます。スキャルピングは決まったやり方があるのではなく、エントリー1つとっても、無数の判断材料があるものだとご理解いただけたのではないでしょうか。

　為替市場では、絶対的な正解など存在しません。ですから、あなた自身がルールを作り、それを検証しながら改善してくことが大切です。この作業を行なっていくことで、驚くほどトレードのスキルがアップします。しかも、短期間で目に見えるほどの上達が可能です。それがスキャルピングであり、夢のある投資スタイルです。私自身、トレードルールをまともに作らなかった数年は勝てず、スキャルピングのルールを作りはじめた途端に利益が出るようになった経験をしているので、これは間違いないといえます。トレードルールを作っていなかった数年を「なんて時間を無駄にしていたのだ……」という気持ちと、「それでもあのときルールを作っておいてよかった」という気持ちが織り交ざっています。数年間は遠回りしましたが、「自分だけのルールを作れば勝てるようになる」とわかったことは、今ではかけがえのない資産だと思っています。

　最初は勝ち負けにこだわらず、どんなテクニカルでもかまいませんから、とにかくルールを作ってみてください。まだ勝てないかもしれませんが、ルールこそスキャルピングで利益を上げるための土台であり、家でいうと基礎の部分です。基礎がなければそもそも家は建ちません。まずは土台を作り、その上にどんな家に仕上げるかは、これからゆっくり決めていけばいいでしょう。

　ただし、家のように一度建ててしまったらなかなか取り壊しができない、というものではありません。作っても改善できるのがスキャルピングのルールです。壊して改善し、よりよいものを作り上げてください。基礎の上に何を建てるかは、あなたの自由です。最初から完璧な家を建

てようとせずに、まずはルールを作ってから徐々によくしていく、というやり方がおすすめです。本書が、そのルールを作るうえで、少しでも参考になれば幸いです。

　ここまでいろいろと書いてきましたが、私も現役のトレーダーとして、まだまだこれからもチャレンジしていくつもりです。途中で退場することなく、検証と実践を繰り返し行なっていかなければならない身です。みなさんと同じように、「ルール化したものを改善していく」という作業はこれからもずっと続けていきます。トレーダーであれば、当然のことなのでしょう。みなさんが、スキャルピングで成功されることを切に願っています。

　2021年2月

　　　　　　　　　　　　　　　　　　　　　　　ぶせな

ぶせな

FXトレーダー。会社員時代の2007年にFXを開始。当初はスイングトレードで取引するも1100万円の損切りを機にスキャルピングへ転換し、成功を手にする。その後、デイトレードを併用して確実性を高めていく。累計利益は3年目で5000万円、4年目で1億円、2021年1月現在は1億6000万円を超えるカリスマトレーダー。継続的に利益を上げ続けることを念頭に置いているため、リスクを抑えることに重点を置くトレードスタイルが特徴。独自に編み出したライントレードをスキャルピング&デイトレードに当てはめて、12年間負けなしの戦績を得ている。著書に『最強のFX 1分足スキャルピング』『最強のFX 15分足デイトレード』(以上、日本実業出版社)がある。

公式ブログ:
FX億トレーダーぶせなブログ
https://busenablog.com
連絡先:fx_busena@yahoo.co.jp
Twitter:@busena_fx

最強のFX 1分足スキャルピング
エントリー&イグジット実践ノート

2021年3月1日　初版発行
2023年10月1日　第3刷発行

著　者　ぶせな　©Busena 2021
発行者　杉本淳一

発行所　株式会社日本実業出版社　東京都新宿区市谷本村町3-29　〒162-0845
　　　　編集部　☎03-3268-5651
　　　　営業部　☎03-3268-5161　振　替　00170-1-25349
　　　　　　　　　　　　　　　　https://www.njg.co.jp/

印　刷／堀内印刷　　製　本／若林製本

ISBN 978-4-534-05836-2　Printed in JAPAN